CAROLINE VON HEYDEBRAND
VOM SEELENWESEN DES KINDES

DR. CAROLINE VON HEYDEBRAND

VOM SEELENWESEN DES KINDES

Herausgegeben von
DR. MARIA RÖSCHL-LEHRS

J. CH. MELLINGER VERLAG, STUTTGART

12. Auflage 1997
ISBN 3-88069-192-4
© J. Ch. Mellinger Verlag GmbH, Stuttgart
Gesamtherstellung: Wiener Verlag, Himberg bei Wien

GELEITWORT DES HERAUSGEBERS

Caroline von Heydebrand hat in den letzten Jahren ihres Lebens daran gearbeitet, für alle diejenigen, die das Wesen des Kindes in seinem Werden als etwas Heiliges und Kostbares erleben, die reichen Erfahrungen ihres pädagogischen Strebens und Wirkens in Buchform zu gestalten. Sie plante eine eingehende Darstellung des sich entfaltenden Seelenwesens des jüngeren Kindes. Krankheit und ein allzufrüher Hingang haben sie an der endgültigen Durchformung und Herausgabe des weitgehend gesammelten Materiales gehindert.

Ich möchte aus ihrem Nachlaß dieses Schriftchen, das sie selbst „Vom Seelenwesen des Kindes" benannt hat, der Leserwelt übergeben. Es bietet auch in seiner skizzenhaften Form reiche Anregung, sich in das eigenartige Werden und Wesen der Kindesseele zu vertiefen.

Maria Röschl

Zur zweiten Auflage

Im Oktober 1945 öffnete die zertrümmerte Stuttgarter Freie Waldorfschule ihre in Eile wiederhergestellten Räume von neuem den ständig zahlreicher herandrängenden Kinderscharen. Mit 320 Kindern konnte man beginnen, auf durchschnittlich 1 200 ist nunmehr die Zahl gestiegen. Das starke Anwachsen dieser Schulbewegung in ganz Deutschland fordert nun auch die Neuauflage dieses Büchleins, das sich an die wendet, welche diese Erziehungskunst als helfende Kraft im Wiederaufbau erkennen. Die Verfasserin gehörte zu den ersten Lehrern der Stuttgarter Waldorfschule und wirkte seit der Begründung im Jahre 1919 als eine der markantesten Lehrergestalten mit vollem Einsatz ihres Wesens am Aufbau dieser Erziehungsanstalt mit.

Die zweite Auflage ist ein unveränderter Neudruck der ersten. Hinzufügen möchte ich nur einige Zeilen, die Caroline von Heydebrands Verhältnis zum Menschen besonders klar zeigen:

Ich hatte ihr einmal den Satz aus den Stromata des Clemens Alexandrinus mitgeteilt:

„Hast du deinen Bruder gesehen,
so hast du deinen Gott gesehen" (I, 19, 94).

Tiefste, uralte Weisheit vom höheren Wesen des Menschen ist da in einige wenige Worte geprägt.

In einem Buche, das mir Caroline von Heydebrand kurz vor ihrem Tode schenkte, fand ich diesen Satz von ihrer Hand als Widmung eingetragen. Es folgten Zeilen, die ihn wie ein musikalisches Motiv entfalten und Caroline von Heydebrands tiefinnerstes Streben zum Du in seiner wahren Zielsetzung charakterisieren. Diese Worte sind es, die ich der zweiten Auflage mitgeben möchte für diejenigen Leser, denen die wahre Begegnung mit dem Du auch als Ziel vorleuchtet:

> Die Seele meines Bruders ist der Saal,
> in dem der Christ zu Tische sitzt.
> Ich möchte ihm wie Martha tätig dienen,
> und wie Maria möcht' ich hingegeben lieben
> den Gott, der — die vergänglichen
> Erscheinungsformen überleuchtend —
> mich aus der Seele meines Menschenbruders,
> uns zu einander rufend, zart begrüßt.

Hawkwood College, Juni 1949

Maria Röschl-Lehrs

I. VON DER LEIBESGESTALTUNG DES KINDES

Wir sind in unserer Welt von Wundern umgeben — aber wir sind diese Wunder gewöhnt! Und immer wieder vollzieht sich das Wunder der Menschwerdung, aber es ergreift uns nicht genügend, weil wir es gewöhnt sind. Wie vertraut wäre einem sonst das Wesen der B i l d e - k r ä f t e ! Sie ergreifen, was der mütterliche Organismus nach der Empfängnis ihnen darbietet, und formen die menschliche Gestalt des Kindes. Sie plastizieren die sphärische Rundung des Hauptes, den walzenförmigen Rumpf, die strahlenförmigen Gliedmaßen.

Sie gestalten jedes einzelne Organ in seiner besonderen Plastik. Sie wirken schöpferisch und können uns das Verständnis für das, was „göttliche Schöpferkraft" ist, vermitteln. Sie sind lebendiger Gottesbeweis. Sie sind in ihrem Schaffen bestimmt von einer Weisheit, die unfaßbar scheint. Alles Wissen kann diese Weisheit nicht so weit durchschauen, daß sie etwa nachgeahmt werden könnte. Denn es ist eine lebendige, von Willenskraft durchdrungene Weisheit. Göttliche Wesen wirken in ihr. Kann man ungläubig sein im Anblick eines werdenden Menschen?

Wer unbefangen sich in das Wesen der Bildekräfte vertieft, dem kann nicht entgehen, daß sie auch künstlerisch wirken, daß, was sie bilden, s c h ö n ist. Schön ist die Wölbung der Schädelschalen, die sich beim Säugling noch nicht zusammenschließen, sondern nach oben wie Blütenblätter sich öffnen. Schön sind die zarten Gebilde der Rückenwirbelknochen, die geflügelte Engel nachzubilden scheinen. Schön sind die Schalen der Schulterblätter, die feine Plastik der Gliedmaßenknochen. Man kann da nicht nur anschauen, man muß mit den Fingerspitzen abtasten, mit der Rundung der Hand fühlen, am besten selbst ein Stück Wachs oder Ton in die Hand nehmen und sich ein Begreifen der Bildekräfte mit den Fingerspitzen verschaffen durch die eigene plastische Betätigung. Jemand, der modelliert, versteht mehr von der sich bildenden Leibesgestalt des Kindes, als wer nur anatomische Werke studiert.

Großartiges hat die moderne Menschheit erreicht in wissenschaftlichem Begreifen und Handhaben der Natur und ihrer Kräfte. Doch diese Erkenntnis allein genügt nicht, um das Wunder des sich formenden Menschenleibes, die lebenschaffenden Bildekräfte zu erfassen. Denn hier arbeitet die Natur als Künstlerin und offenbart sich nur künstlerischem Betrachten. Will man also L e b e n s vorgängen sich nähern, so muß man sein wissenschaftliches Denken mit künstlerischer Anschauung durchdringen. Man kann von einer Blume manches erfahren, wenn man sie nach botanischen Gesichtspunkten studiert; dazu muß aber kommen, daß man mit künstlerischem Gefühl mitgeht mit der Plastik des Stengels, der Blätter, der Knospe, der Blüte, daß man miterlebt den Atemrhythmus des Sichzusammenziehens der Pflanze im Stengel, Sichausbreitens im Blatt, Sichschließens in der Knospe, Sichentfaltens in der Blüte usw. Erst dann erlebt man die Blume wirklich und begreift mehr von ihr als durch rein wissenschaftliche Betrachtung ohne Hinzunahme der künstlerischen Anschauung.*

So wird auch das Wesen des kleinen Kindes nicht begriffen, wenn man seine körperliche Gestaltung nicht mit künstlerischem Blick anschaut, mit künstlerischem Fühlen abtastet.

Das kleine Kind ist ja auch noch nach der Geburt ganz der Leibesgestaltung hingegeben. Wir sagen: „Es wächst". Es ist eingetaucht in webende, bauende, formende Vorgänge der Bildekräfte. Es gibt alte Gemälde, die die Geburt des Jesuskindes darstellen: Steingebirge bauen sich auf um Mutter und Kind. Pflanzen wachsen im Vordergrund des Bildes, Ochs und Esel strecken die Köpfe nach der Krippe aus. Über der Erdhöhle steht der Stern, manchmal ein ganzer Sternenhimmel, und in die Höhle hinein neigen sich die Engel, die oft in Scharen das Bild bevölkern. Der ganze Kosmos mit all seinen Reichen und Wesenheiten steht der Geburt des göttlichen Kindes bei.

Aber dasselbe vollzieht sich bei jeder Kindesgeburt! Kosmische Kräfte und Wesenheiten bauen an der Geistgestalt seines Leibes, wirken in den lebendigen Bildekräften, die den Kindeskörper durchdringen. Ein Geistwesen wird Erdenmensch, verwandt dem Stein, der Pflanze, dem Tier durch die Hüllen, mit denen es seine Individualität umkleidet. Immer wirkt die ganze Welt zusammen, damit ein Menschenleib entstehe. Die Empfängnis regt Himmels- und Erdenkräfte zur Wirksamkeit an. Und das geistig-seelische

---

* Solche Gedankengänge gab Rudolf Steiner den Lehrern wiederholt zu erwägen.

Wesen des Kindes selbst, das, was später als seine ihm eigentümliche besondere Begabung — seine Genialität vielleicht —' zur 'Entfaltung kommen wird, auch das wirkt mit am Aufbau des Leibes. Geist und Seele opfern sich in diesem Lebenspunkt, um Leib zu werden und in diesen alles hineinzuplastizieren, was V e r a n l a g u n g ist. Der Leib als zukünftiger Träger einer individuellen bewußten Seele und eines wachen Geistes wird gestaltet. Gestaltet aus den Bedingungen heraus, die die Seele im vorgeburtlichen Dasein aus den Erfahrungen voriger Erdenleben sich selbst geschaffen hat.

So sind es Mächte der Vergangenheit, die die Bildekräfte in ihrem plastischen Wirken bestimmen. Sie gestalten vor allem das Haupt und vom Haupte aus den übrigen Organismus. Wunderbar ist der unverhältnismäßig große Kopf des Embryos kurz vor der Geburt in seiner das Himmelsgewölbe wie nachbildenden Rundung, gegenüber dem kleinen Rumpf und den winzigen, kaum ausgebildeten Gliedmaßen, besonders den Beinchen, die nur wie kleine Anhängsel erscheinen. Der Kopf ist ja auch am vollkommensten bei der Geburt, riesengroß mit der gerundeten Stirn, die das Gesichtchen nach unten zurückzudrängen scheint. An diesem Köpfchen kann man beobachten, wie Tag für Tag, Woche für Woche die Gesichtszüge ausplastiziert, klarer und individueller werden. Ja, es gehört zu den allerschönsten Erlebnissen, dies mit liebevoller Hingabe zu betrachten und sich daran zu üben, das Wirken der individuellen Seele an der Körpergestaltung zu begreifen.

Großköpfige und
kleinköpfige Kinder

Betrachten wir noch einmal das neugeborene Kind. Sein kleiner Leib stellt den Keim dar, aus dem das Menschenwesen sich entwickeln soll. Verfolgt man das erste leise Sich-Entfalten, etwa bis zu dem bedeutungsvollsten Lebenseinschnitt zur Zeit des Zahnwechsels, dann gewinnt man Aufschluß über das, was im Kinde nicht nur leiblich, sondern auch seelisch-geistig veranlagt ist. Man geht den silbernen Wegspuren nach, die in das vorgeburtliche Sein und zu den ewigen Absichten der Individualität zurückführen, man tastet sich hinein in die Zukunft, dorthin, wo die im Geistessein gefaßten Entschlüsse in den Erdenschicksalen und Erdenaufgaben sich verwirklichen wollen.

Der Kopf des Säuglings, der übermäßig groß ist, er gewinnt ja nach und nach im Wachstum des Kindes das harmonische Verhältnis, in dem er beim herangewachsenen Menschen zum übrigen Organismus steht. Aber dies schon ist ein Vorgang, der sehr verschieden verläuft und vielleicht nicht für zwei Kinder ganz der gleiche ist. Bekommt doch jeder Mensch „seinen eigenen Kopf" mit! — Es gibt Kinder, bei denen der Kopf unverhältnismäßig groß ist — ohne daß direkte Hydrocephalie oder Gehirnrachitis vorliegt, denn von pathologischen Erscheinungen soll hier abgesehen werden. Bei einem solchen Kinde ist die Stirn dann sehr stark vorgewölbt, das Gesichtchen darunter winzig. Obwohl nach und nach ein gewisser Ausgleich eintritt, so bleibt doch der Eindruck bestehen, daß man es mit einem „großköpfigen" Kinde zu tun hat.

Was bedeutet es denn, daß, wie angedeutet wurde, das Kind „vom Haupte aus" wächst? Es bedeutet, daß die Bildekräfte des Hauptes den Stoffwechsel ergreifen ,und überall formend und plastizierend wirken. Es bedeutet auch, daß „der Kopf" (das Nerven-Sinnes-System) noch nicht Werkzeug des Vorstellens und Denkens ist wie beim Erwachsenen, sondern selbst noch Stoffwechselorgan, ganz vom Stoffwechsel durchdrungen, ganz lebensvoll. Langsam ziehen sich dann die Stoffwechselkräfte aus dem Haupte zurück, und leise Absterbeprozesse beginnen, wie sie sich etwa im Hervorstoßen der ersten Zähne ankündigen. Dadurch, daß das Leben sich so allmählich aus dem Kopfe zurückzieht, wird dieser nach und nach Werkzeug des wachen, vorstellenden Bewußtseins. Der Kopf wird im Verhältnis zum übrigen Körper kleiner, er gewinnt die Größe, die man im allgemeinen als die normale empfindet.

Bleiben aber die Stoffwechselkräfte im Kopfe regsam und tätig über die entwicklungsmäßig gesetzte Zeit hinaus, wirken sie weiter in demselben Sinne, wie sie das beim Kleinkind tun, dann bleibt das Haupt verhältnismäßig zu groß, es bleibt zu sehr Lebensorgan, statt Organ des Bewußtseins zu werden. Bei solch einem Kinde ruht auf der kleinen Gestalt ein mächtiges Haupt mit gerundeter vorgewölbter Stirn. Man hat das Gefühl, daß seine statischen Verhältnisse äußerst ungünstig sind. Es fällt auch im Gehen und Laufen leicht vornüber, wie wenn das Gewicht des Kopfes es zur Erde zöge. Dies alles weist darauf hin, daß das Nervensystem von seinem Stoffwechselsystem überwältigt wird, daß beide nicht richtig ineinander greifen.

Was für eine Seele wird in diesem kleinen Körper mit

dem großen Kopfe leben? Eine träumerische, in ausgesprocheneren Fällen vielleicht sogar bewußtseinsdumpfe Seele, eine Seele, deren Wahrnehmen flüchtig ist, deren Sinnesbilder verschwimmen, deren Vorstellungsbilder keine scharfen Konturen haben. Im späteren Leben wird sich das mehr ausgleichen. Nicht nur wird der Kopf äußerlich etwas kleiner werden, obwohl man seinen Besitzer immer noch zu den „Großköpfigen" rechnen wird, auch das seelische Leben wird wacher werden. Aber diese Wachheit wird sich nicht in intellektuellen Vorstellungen, in scharf umrissenen Gedankengängen, in der Fähigkeit zu deutlicher, exakter Sinneswahrnehmung äußern, sondern in einem reichen, durchbluteten Phantasieleben. Erstaunlich mächtig kann die Phantasie großköpfiger Kinder sein — ebenso auch ihre Freude an künstlerischer Betätigung. Reich sind sie an Einfällen, an schöpferischen Vorstellungen. Ihre Malereien sind weniger konturiert als farbig. Ihre Zeichnungen können in der Untergeordnetheit ihrer Linien und Formen chaotisch auf den Beschauer wirken — in den kleinen Künstlern wird das Chaos als wohlgestalteter, reicherfüllter Kosmos leben. Sie werden vielleicht nicht ganz die Worte finden, um den Erwachsenen die erlebte Fülle anzudeuten.

Auch werden diese Kinder wunderschön spielen, mit einer überschwenglichen Phantasie, die den Erwachsenen geradezu unheimlich werden kann. Kein Gegenstand im Hause wird vor ihrer Vorstellungskraft sicher sein, und noch der geringste Lumpen kann in überraschender Metamorphose jetzt ein Püppchen, jetzt ein Elefant, jetzt ein Brautschleier und was auch immer werden. Man kann

Eltern treffen, die von den Phantasie-Fähigkeiten ihres Kindes so überwältigt und erschreckt sind, daß sie geneigt sind, an Anormalität zu glauben. Nun — man braucht der Entwicklung solcher „Großköpfigen" nicht tatenlos zuzuschauen. Ihre Erziehung stellt schon ganz bestimmte Aufgaben.

Zunächst sollte man durchaus nicht versuchen, die Phantasie des Kindes einfach auszurotten, indem man es fortwährend auf die Torheit seiner Vorstellungen hinweist. Es kann sich in der Erziehung immer nur um Pflege, nie um Zerstörung handeln. Für das spätere Leben und seine Aufgaben ist es ja nur gut und nützlich, wenn der heranwachsende Mensch sich möglichst viele lebensvolle Schöpferkräfte bewahrt. Für die intellektuelle Austrocknung sorgt gewöhnlich die Schule in reichlichem Maße, und ohnehin ist unsere ganze Zeit ihr förderlich. Die Erzieher sollten daher so viel wie möglich das saftige Leben hüten. Sie können es vor Überwucherung und rachitischer Aufplusterung bewahren, wenn sie versuchen, in zarter Weise immer wieder Bewußtseinskräfte in das kindliche Tun einzufügen. Wenn sie dem Kinde etwa beim Malen und Zeichnen kleine bewußtseinsweckende Aufgaben stellen, besonders dann, wenn der Zahnwechsel bereits begonnen hat: „Schau, du hast so viel Rot gemalt, und rund herum hast du Grün und Gelb gemalt, jetzt möchte ich so gerne sehen, wie das wird, wenn du mal mit Blau anfängst und dann siehst, was für andere Farben du zu dem Blau hinzumalen mußt." Dann ist das Kind genötigt nachzudenken, kann nicht einfach nur aus den organischen Kräften des Stoffwechsels, die sich in die Hand fortsetzen, den Pinsel führen, muß

16

ein klein wenig den beobachtenden Sinn betätigen. Man wird dabei natürlich auf das kindliche Wesen einzugehen haben, damit man die Aufgaben in s e i n e m Sinne und nicht aus der eigenen Intellektualität heraus stellt.

Die Schulzeit wird meistens eine schwere Belastung für diesen kindlichen Typus bedeuten. Das Kind soll mit einem Schlage sein träumerisches, spielerisches Wesen überwinden. Lesen und Schreiben werden — trotz aller Gegenbemühungen — doch in mehr oder weniger abstrakter Form und vor allem ohne wirkliche künstlerische Gestaltung und in viel zu raschem Tempo an uns herangebracht, seine überschwängliche Phantasie wird überall beschnitten. Gewöhnlich geht das nicht ohne Schädigung der Gesundheit ab. Die rundlichen, gut durchbluteten Kinder werden blaß und müde und verlieren ihre unbefangene Frische, wie das so oft gerade im ersten Schuljahre zu beobachten ist.

Gerade für diese Kinder wäre eine künstlerische Unterrichtsgestaltung von höchster Bedeutung für ihr körperliches Wohlbefinden und ihren seelischen Fortschritt. Gerade sie müßten die Buchstaben aus einfach künstlerischen Bildern entwickelt bekommen und sich erst schreibend betätigen dürfen, ehe sie das abstraktere Lesen lernen.* Gerade sie müßten in die Welt der Zahlen durch den Rhythmus eingeführt werden, dadurch, daß man sie rhythmisch sich bewegen, springen und klatschen läßt. Ganz unmerklich und ohne Schädigung würden sie so geweckt und bewußter gemacht werden. Sie sind ja auch zum Kummer des Lehrers flüchtig und unaufmerksam, schauen nicht genau hin, wenn etwas gezeigt wird und sind ebenso ungeschickte

---

* Vgl. die pädagogischen Grundsätze Rudolf Steiners.

Beschreiber wie sie ungenaue Beobachter sind. Ihrem Temperament nach werden sie zu den sanguinischen und phlegmatischen Kindern gehören.

Man kann dem Sinnesnerven-System dazu verhelfen, richtig mit dem Stoffwechselsystem zusammenzuwirken und sich von ihm nicht überwältigen zu lassen, wenn man darauf achtet, daß diese großköpfigen Kinder ihre Speisen gut gesalzen bekommen. Salz wirkt bewußtseinsweckend. Man sollte ja als Erzieher nie einem Essens-Fanatismus huldigen, wie es heute häufig der Fall ist — und auch bedenken, daß für Kinder nicht dasselbe heilsam zu sein braucht, was für Erwachsene gesund ist. So kann salzlose Kost für ältere Menschen, die etwa zu Sklerose-Erscheinungen oder ähnlichem neigen, ausgezeichnet und das einzig Richtige sein, ebenso wie Rohkost oder vegetarische Diät. Für Kinder des großköpfigen Typus ist aber salzlose Kost geradezu schädlich. Sie befördert ihre Neigung zu seelischer Dumpfheit und mangelnder Konzentration. — Kinder muß man ja liebevoll b e o b a c h t e n , dann wird man erkennen, womit man sie ernähren sollte. Und man wird dann großköpfigen Kindern sehr gut gesalzene Speisen vorsetzen.

Vielleicht werden sie sogar selber das größte Bedürfnis nach weckender und konzentrierender Nahrung haben und ebenso Salz oder Saures naschen wie andere Kinder Zucker schlecken. Dann kann man ihrem Bedürfnis entgegenkommen. Es kann aber auch sein, daß sie aus einem ungesunden Instinkt heraus gerade die Ernährung ablehnen, die ihnen gut tut, und süße Speisen oder Schleckereien vorziehen, weil diese ihnen helfen, ihrem Hang zur Dumpfheit und Träumerei zu frönen. Dann wird es auf die Erfindungsgabe und den Takt des Erziehers ankommen, wie er es versteht, sie davon abzubringen und zu gesalzenen Speisen zu bekehren. Es kann auch noch der Fall eintreten, daß der Organismus nicht fähig ist, das ihm so notwendige Salz zu verarbeiten. Dann wird er durch ein Heilmittel erst dazu bereit gemacht werden müssen. Doch damit sind wir im Gebiet des Medizinischen, das zu behandeln nicht im Rahmen dieser Ausführungen liegt. Es sei nur noch angedeutet, daß, da Wurzeln Salze enthalten, auch Wurzelnahrung gegeben werden kann, z. B. alle möglichen Rüben in für die Kinder schmackhafter Zubereitung.

Solchen Kindern tut es auch gut, wenn man ihnen morgens den Kopf kühl abwäscht. Grundsätzlich wird man bei ihnen immer versuchen, in taktvoller Weise den Kopf in seine Rechte einzusetzen und den Stoffwechsel in seine Grenzen zurückzuweisen.

Die Leibesgestaltung des Kindes ist nicht nur den Eltern und Erziehern zur Freude da, wenn sie gesunde normale Bildung aufweist, sondern sie kann ihnen die besten Aufschlüsse über die Seelengestaltung des Kindes vermitteln. Und daraufhin sollte sie immer wieder mit herzlicher Wärme betrachtet werden.

So kann es sein, daß der zunächst große Kopf des Säuglings in verhältnismäßig kurzer Zeit klein und zierlich erscheint. (Auch da gibt es Extreme, die ins Pathologische führen und hier nicht behandelt werden können.) Und diese Kinder, deren Kopf klein und zierlich auf den Schultern sitzt, offenbaren sich seelisch völlig anders als die gleichaltrigen großköpfigen. Sie sind früh gute und genaue Beobachter mit klaren Sinnesbildern und konturierten Vorstellungen. Ihre Bemerkungen sind gescheit und treffend. Ihre Spiele verraten, daß sie nachdenken. Sie werden sich dabei allerdings selten mit ganz primitiven Mitteln begnügen, weil es ihnen an Phantasiekräften fehlt, um z. B. in einem Stück Holz jetzt eine Puppe, jetzt eine Eisenbahn, dann einen Löwen, dann ein Auto usw. zu erblicken. Statt dessen spielen sie gern mit Eisenbahnen, die auch aussehen wie solche, und die man im Spielzeugladen kauft. Es sind die Kinder, die sich stundenlang — nicht zum Vorteil ihrer Entwicklung — mit Mechano-Baukästen beschäftigen können und nach überlegten Vorstellungen exakt und systematisch bauen.

Man muß einmal mit einem kleinköpfigen und einem großköpfigen Kinde in den Wald gehen, um ihre Eigenart kennen zu lernen. Da wird das großköpfige bald selbstvergessen aus Moos, Rinde, Tannenzweigen und Kieselsteinen z. B. einen Bauernhof gebaut haben, rings herum Gartenbeete mit Waldblümchen besteckt und Wiesen, auf denen Eicheln und Bucheckern als Vieh weiden usw. usw. Das kleinköpfige Kind wird gern neben dem Erwachsenen hergehen und besinnliche Fragen stellen, etwa wer die Bäume geschaffen hat und wie sie wachsen. Es kann dann ins Grübeln und Spintisieren kommen und etwa fragen, wenn man ihm erklärt hat, daß Gott die Welt geschaffen habe, wer dann aber Gott geschaffen habe, und wie er aussehe? Es wird etwa von allerlei Erfindungen erzählen, kleinen Maschinen, die es sich selbst ausgedacht hat usw. Und es wird doch ganz froh sein, wenn der Erwachsene ihm Gedanken zu einem Spiel gibt und dann selber mit ihm spielt.

Wenn das kleinköpfige Kind zeichnet oder malt, so wird es im voraus Vorstellungen von dem haben, was dargestellt werden soll. Es wird dann scharf umrissene Formen hervorbringen, die seine Ideen ausdrücken sollen. Es wird auch klar und deutlich sagen können, was es darstellen wollte. Aber seine „Kunstwerke" werden leicht ärmlich wirken, einmal, weil es keine reich erfüllte Phantasie hat — und dann, weil es noch nicht das technische Können hat, um das Ausgedachte zu verwirklichen. Das großköpfige nimmt etwa einen Klumpen Lehm und rundet daraus ein vielleicht unförmiges Geschöpf, aber dieses Geschöpf lebt in seiner Phantasie und kann ihm eine Fülle von Gestalten veranschaulichen. Das kleinköpfige Kind wird etwa „Würste" drehen und sie zu einem Tier zusammensetzen: vier Beine, ein Rumpf, der Kopf, „zwei Augen aber fehlen nie, denn die, das weiß es, haben sie", um mit Wilhelm Busch zu sprechen. Denn das kleinköpfige Kind „weiß", woraus ein Mensch, ein Tier, eine Blume „besteht", es zerlegt und fügt nach diesem seinem Wissen wieder zusammen. Dadurch wirkt, was es mühsam und gründlich zustandekriegt, unkünstlerisch, während das großköpfige Kind ohne viel Gedanken, doch mit einem Gefühl für ein Ganzes, einfach mit den Händen formt und noch seinen primitivsten Gebilden einen künstlerischen Anstrich gibt.

Es ist ja beim kleinköpfigen Kinde so, daß die lebendigen Bildekräfte sich früh aus der Region des Nerven-Sinnes-Systems zurückziehen und es dadurch bereit machen, zum Werkzeug des Vorstellungslebens zu werden. Aber sie können sich zu stark zurückziehen und dadurch bewirken, daß die bewußtseinserzeugenden Absterbekräfte des Nerven-

Sinnes-Systems gegenüber den lebensvollen Kräften des Stoffwechselsystems überwiegen und so die Harmonie zwischen beiden gestört ist. Dieses muß, wie gesagt, durchaus nicht krankhaft sein, es entsteht dadurch eben ein bestimmter Kindestyp, der sich zu dem vorher geschilderten gegensätzlich verhält. Es versteht sich von selbst, daß diese Dinge im Leben nicht so stark getrennt sind, wie man sie in einer Beschreibung darstellen muß, die deutlich klarmachen soll, was gemeint ist. Gerade eine klare Unterscheidung kann aber helfen, die Kinder unter solchen Gesichtspunkten zu betrachten und sie dann entsprechend zu behandeln.

Kinder, bei denen so das Nerven-Sinnes-System die Oberhand hat, werden viel wacher, bewußter, gescheiter erscheinen als solche, bei denen das Stoffwechselsystem überwiegt. Sie werden daher auch von Menschen, die sich wenig auf das Gesamtleben zwischen Geburt und Tod einlassen, mehr geschätzt und bewundert werden. Besonders auch in der Schule, wo sie für den intellektuellen Unterricht und die abstrakte Art, Lesen, Schreiben und Rechnen zu lernen, zugänglich sein werden. Sie kommen mit ihrem mehr analysierenden Verstande der herrschenden Schulrichtung entgegen.

Das wahrhaft Künstlerische, das nicht gedanklich gefärbt ist, wird leider weder im Elternhaus noch in der Schule besonders anerkannt. Ja, die Eltern werden ungeduldig und ängstlich, wenn ihre Sprößlinge nur „Kritzeleien" und farbiges „Geschmier" ohne novellistischen Inhalt hervorbringen, und sind stolz, wenn sie gleich erkennen können, was das Kunstwerk „bedeutet": ein Haus, einen Menschen,

22

einen Hund, einen Baum usw. So wird nicht bemerkt, daß die intelligenten Kleinköpfigen oft arge kleine Philister in ihrer künstlerischen Betätigung sind. Sie sind in ihrer Hauptesorganisation nicht mehr genug vom schaffenden Leben durchströmt. Todesprozesse, die immer die Grundlage der wachen Bewußtheit sind, stellen sich verfrüht bei ihnen ein und wirken als verfestigendes Element im kindlichen Tun.

Daher wird es für einsichtige Erzieher solcher kleiner gescheiter „Botokuden", wie man sie heute so vielfach besonders unter Großstadtkindern findet, wichtig sein, Gegenmaßnahmen zu ergreifen. Gerade diese Kinder sollten z. B. viel mit Wasserfarben malen. Bleistifte, die sie häufig vorziehen, entferne man lieber unauffällig, und wenn es schon Stifte sein sollen, dann gebe man ihnen wenigstens nur farbige Stifte. Auch achte man bei ihnen darauf, daß sie im Malen und Zeichnen nicht zu stark konturieren, sondern im Malen flächenhaft, nicht linear arbeiten, im Zeichnen aber schraffieren statt zu umreißen. Man wird bemerken, wie ihnen das gut tut und wie auch ihre Darstellungen allmählich künstlerischer werden. Es ist wohl selbstverständlich, daß man sie nicht vergewaltigen sollte, es handelt sich immer nur um Ablenkung, Anregung, Ergänzung und Gegengewicht, nie um ein Umbiegen der kindlichen Eigenart in die entgegengesetzte.

Viel bildhafte Erzählungen, Märchen, Sagen und Legenden werden eine Seelenwohltat für sie sein und ein Gegengewicht gegen ihr meist sehr ausgesprochenes Interesse für alles Maschinelle und Technische bilden, das ja nicht unterdrückt werden sollte. Denn das Interesse und die Beschäftigung mit dem Technisch-Maschinellen ist zeitgemäß und muß nur einen Ausgleich erfahren, indem man auch andere Interessen aufruft, die die lebendige Schöpferkraft im Vorstellungsleben immer wieder wecken und am Dasein erhalten.

Es ist wohl leicht einzusehen, daß bei diesen Kindern — die nicht nur kleinköpfig sondern meistens auch blaß sein werden — die Stoffwechselvorgänge besonders angeregt und gestärkt werden müssen, damit sie das Nerven-Sinnes-Leben beleben und durchfeuern. So sollte man ihnen ihre Speisen gut süßen. Sie brauchen viel Zucker zur Anregung ihres Stoffwechsels. Sie sollten süße reife Früchte, Fruchtzucker, Honig, Rohrzucker usw. erhalten und den unvermeidlichen Rübenzucker nur zur Süßung der Speisen, nicht in Form von Bonbons und ähnlichen Näschereien, die Zähne und Magen verderben. Tritt das Unvermögen des Kindes, sich kindlich-künstlerisch zu betätigen, in lebendigen, durchbluteten Phantasie-Vorstellungen zu leben, besonders kraß hervor, dann sollte man ihm ruhig abends einen warmen Bauchumschlag machen. Auch dadurch wird eine stärkere Durchwärmung und Belebung des Nerven-Sinnes-Systems erreicht. Das Kind, bei dem ja das organische und das seelische Leben ineinander weben, wird dadurch auch in seinen seelischen Äußerungen mehr Feuer und Phantasie bekommen. Man sollte bei Kindern nie die Wirkung ihrer organischen Prozesse auf das Seelenleben unterschätzen und auch nicht glauben, daß man dadurch zum Materialisten werde. Im Gegenteil, man erkennt dadurch an, daß die materiellen Vorgänge geistbedingt sind und daher auch auf das geistige Leben zurückwirken. Beim Erwachsenen, der sein seelisches

Leben von seinen Leibesprozessen weitgehend lösen kann, gilt dies natürlich nicht im gleichen Maße. In der Pflege und Erziehung der Kinder kommt man aber nur voran, wenn man ehrfurchtsvoll anerkennt und beachtet, wie das Leibesleben aus dem Geiste geboren ist und zu gleicher Zeit in sich die Keime zu bewußtem geistigen Leben trägt.

II. VON DER SEELENART DES KINDES

Die verschiedenen Temperamente und ihre Behandlung

Kein Wesen kann die ihm gebührende Pflege finden, kein Geschöpf sich wesensgemäß entfalten, wenn der Pfleger es in seiner Artung, in seinen Lebensbedingungen nicht durchschaut. Viele grundlegende Fehler werden in der Behandlung und Erziehung der Kinder dadurch begangen, daß man sie nicht wirklich kennt. Man muß sie durch und durch k e n n e n , wenn man sie zu ihrem Heile erziehen will. Die Bildekräfte, die zunächst vor allem gestaltend und formbildend wirken, sind zu gleicher Zeit lebenspendend und wachstumfördernd. Von der Art, wie sie im Kinde tätig sind, ist unendlich viel abhängig. Darum können Erzieher nur fruchtbar erziehen, wenn sie sich von diesen Kräften einen lebensvollen Begriff verschaffen. Einen solchen zu vermitteln soll versucht werden durch die Schilderung von vier Kindern, in deren Organismus die Bildekräfte verschiedenartig wirken und differenziertes Seelenleben aus sich hervorsprießen lassen.

Das sanguinische Kind

Der fünfjährige Knud hat rötliche Löckchen über der runden Stirn, sehr blaue Augen und eine zierliche Himmelfahrtsnase. Die Oberlippe ist über die Unterlippe vorgeschoben. Er ist nicht besonders groß für sein Alter, aber schlank und ebenmäßig gewachsen. Der Kopf ist ziemlich groß, die Gliedmaßen beweglich. Er liebt es, auf den Zehenspitzen zu trippeln. Wenn es ihm aber einfällt, kann er auch sehr fest auftreten. Im Springen ist er äußerst geschickt, mehrere Stufen der in den Garten führenden Treppe überfliegt er auf einmal. Der Tag ist nicht mehr fern, wo er von der Terrasse direkt in den Garten springen wird über alle zehn Treppenstufen hinweg. Wenn er stürzt, heult er schnell ein paar Tränen, tröstet sich aber gleich wieder und gehört zu den Kindern, die mit Tränen in den Augen lachen können. Seinen viele Jahre älteren Bruder springt er unter lautem Kriegsgeschrei an. Er ist nicht feige, aber unüberlegt und frech wie ein kleiner bellender Köter. Zieht er den Kürzeren, was unweigerlich der Fall ist, dann ist er schwer gekränkt und zieht sich grollend in einen Winkel zurück. In kürzester Zeit ist aber sein Zorn verraucht; ohne der erlittenen Niederlage zu gedenken, sucht er den Bruder zu bewegen, mit ihm zu spielen. Der soll sein Pferd sein, er der tollkühne Reiter — nach kurzer Zeit hat er dies Spiel satt, ein neues wird ausgedacht und begonnen und bald wieder durch etwas ganz anderes ersetzt. Auch wenn er allein spielt, wechselt er rasch und kommt innerhalb des einen Spieles auf immer neue Zusammenstellungen. Was er sieht und hört, lenkt ihn von dem ab, was er vor hat, und bringt ihn sofort auf frische Einfälle. Schnell bewegen sich Kopf und Augen hin und her wie bei einem Vögelchen. Auch wenn man mit ihm ernsthaft spricht, ist er bei allem guten Willen, mit dem er zuhören möchte, sofort abgelenkt. Es braucht nur eine Fliege an der Wand zu kriechen — und seine beflügelte Seele ist dem Erwachsenen unter der Hand entschlüpft. Die Mutter nennt ihn „Spatz", die Großmutter „Eidechslein" — und beides paßt auf ihn. Er hat eine helle, hohe Stimme und ist sehr musikalisch. Das Flötenspielen hat er sich allein beigebracht. Schon jetzt zittert er vor freudiger Erwartung auf die Schule, von der er sich ungezählte Abwechslungen verspricht. Obwohl die Erwachsenen allerlei tadelnde, mehr oder weniger unverständige Beiworte für ihn haben: fahrig, zerstreut, flatterhaft, unkonzentriert, vergeßlich, sogar oberflächlich, ohne Ernst, nervös usw., ist er doch allgemein beliebt. Denn er ist „das Kind an sich", wirklich n u r Kind, und das gewinnt ihm alle Herzen, auch derer, die die obigen schmückenden Beiworte auf ihn anwenden.

Und wie steht es mit seiner Gesundheit, seinem Schlaf, seinem Appetit? Er ist im allgemeinen gesund, hat außer leichten Kinderkrankheiten nur ab und zu Erkältungen, die auch bald wieder verschwinden. Er ißt freudig, doch nicht viel auf einmal und nicht gern schwerere Sachen. Auch darin ist er ein Vögelchen. Er „pickt" lieber, als daß er „stopft". Seine Begierde kann im Augenblick groß sein, erlischt aber schnell, wenn er die begehrte Speise bekommt. Er überißt sich von sich aus nicht, nur unvernünftige Erwachsene, die ihn auf Kinderfesten nötigen, mehr zu essen als er möchte, sind schuld am „verdorbenen Magen". Fleisch,

Eier, Mehlspeisen und Kartoffeln liebt er nicht, nicht einmal Schokolade. Obst mag er besonders gern, und schon dem Baby war ein geriebener Apfel der höchste der Genüsse. Auch für Salziges und sogar Saures hat er eine gewisse Vorliebe. Er hat sich zu seinem fünften Geburtstag eine saure Gurke gewünscht. Er stiehlt manchmal das Salzfäßchen und vergnügt sich daran, einzelne Salzkörnchen aufzuschlecken, auch schluckt er ganz vergnügt ein Löffelchen reinen Zitronensaft hinunter, wenn das bei Halsschmerzen von ihm verlangt wird. Er schläft schnell ein, wacht aber auch leicht auf. Morgens pflegt er sehr früh wach zu sein, und da ihm das Aufstehen dann doch nicht erlaubt wird, leise vor sich hin zu zwitschern und zu singen, wobei er rhythmisch den Kopf, die Hände und Beinchen bewegt. Er ist ein harmonischer kleiner Mensch, und wie es mit seiner „Zerfahrenheit" und „Flattrigkeit" in der Schule einmal gehen wird, macht bis jetzt nur dem Vater Sorge.

Die körperlichen Grundlagen des sanguinischen Temperamentes

Wie wirken die bildenden Kräfte im sanguinischen Kinde? Sie wirken in alle dem, was in Atmung und Säftekreislauf r h y t h m i s c h e r Natur ist! Sie wirken im Pulsschlag des Herzens, im rhythmischen Auf und Ab des Ein- und Ausatmens. Daher hat das sanguinische Kind etwas Beschwingtes. Es scheint, als ob viel mehr die Luft sein Element wäre als die Erde, über die es noch mehr schwebt, als daß es sich von den Schwerekräften nach unten ziehen ließe. Es schwingt gern auf der Schaukel, dem Schaukelpferd, klettert auf hohe Bäume und wiegt sich auf schwankenden Ästen. Es ist entzückend, ein sanguinisches Kind mit dem Winde tanzen zu sehen. Der Erwachsene würde seekrank, wenn er sich drehen und schwingen wollte wie das Kind, dessen höchste Begeisterung es ja auch ist, auf dem fahrenden Karussell durch die Lüfte zu fliegen. Sein Luftorganismus, sein rhythmisches Wesen gehen noch leicht mit all den Schwingungen, die das starre Sein der Erwachsenen nicht mehr verträgt. Kleine Kinder werden selten seekrank.

Und wie es wechselt mit Einatmen, Ausatmen, Einatmen, Ausatmen, wie der wechselnde Rhythmus auch seinen Blutkreislauf beherrscht, so begehrt es auch die rhythmische Abwechslung im Leben und Spiel. Nichts ist ja in der Erziehung wichtiger, als der ruhige Rhythmus der täglichen Lebensweise; für das sanguinische Kind (und das sanguinische Kind ist eben das eigentliche Kind, dies Temperament gehört zum Kinde, wie die Süße zur Weintraube) ist dies durchaus Lebensbedürfnis. Rhythmus ist sein Wesen, wird von seinem Organismus selber gefordert. Nur ist dieser Rhythmus ein schneller Rhythmus, wie ja auch das Kind schneller atmet, sein Pulsschlag rascher ist als der des Erwachsenen. Es kann sich nicht leicht längere Zeit auf etwas konzentrieren; sich konzentrieren bedeutet ja hier: einatmen — und diesem muß rasch das Ausatmen folgen, nämlich die Ablenkung von sich selber auf die Umwelt hin. „Flattrig" zu sein, ist ja noch nicht Untugend, sondern Eigenart dieses Temperaments und Alters. Die Erzieher sind daher berechtigt, viel Geduld zu haben mit den kind-

lichen Eigenschaften, die sie so empfinden, daß sie sie mit
den oben genannten Beiwörtern charakterisieren: flatterhaft, unkonzentriert, oberflächlich, leichtsinnig. Sanguinische Kinder aber dürfen leichten Sinn haben. —

Das gefährdet-sanguinische Kind

Während man bei Knud Geduld haben darf mit seinem
sprunghaften Wesen — er folgt da ja nur seinem springen-
den Herzschlag — und hoffen kann, daß er sich später
festigen wird, ist die Lebhaftigkeit seiner gleichaltrigen
Base schon besorgniserregend. Man kann in ihr erkennen,
wohin das sanguinische Wesen ausarten kann, wenn es
über seine Grenzen hinausgeht. Wenn Knud herzhaft lacht
und sich vor Lachen auf dem Boden wälzt, hat Suse nicht
die Möglichkeit, mit dem Lachen überhaupt wieder aufzu-
hören. Sie lacht und kichert fassungslos, um schließlich
ebenso fassungslos zu heulen. Sie reißt Spielzeug aus dem
Schrank und wirft es in die Stube, spielt aber gar nicht
damit, sondern holt gleich das nächste heraus, das sie aber
auch höchstens einen Augenblick beschäftigt. Knud glüht,
wenn der Vater ihm Tierbilder im „alten Brehm" zeigt,
er fragt und ist lebhaft interessiert, dann wendet er, zit-
ternd vor Spannung, das nächste Blatt, um das neue Tier
mit Jubelschrei zu begrüßen. Suse sieht sich die Bilder
kaum an, sie will nur weiter, immer weiter, nichts kann
ihr Interesse so tief erregen, daß sie fragt. Fragt sie aber
doch einmal, so wartet sie die Antwort nicht ab. Knud ist
nicht übermäßig zärtlich, aber er liebt und verehrt seine
Eltern und fühlt sich mit den Geschwistern verbunden. Suse

hat nirgends Anker geworfen. Suse fährt auf der Oberfläche des Lebens hin und her und ist zu schwach, um sich mit den Menschen ihrer Umgebung zu verbinden. Man könnte fürchten, daß sie einmal schwachsinnig werden wird, weil sie zu wenig tief unter die Oberfläche der Dinge gehen kann und daher für nichts wirkliche Aufmerksamkeit aufbringt. Wie könnte man sie davor bewahren, wie ihr helfen?

Behandlung allzu großer Sanguinik

Könnte es dahin kommen, daß Suse einen Menschen ihrer Umgebung wirklich lieben lernt — und ob das erreicht wird, hängt weitgehend vom Verhalten der Erwachsenen ab — so würde schon dadurch Stetigkeit in ihr Leben kommen. Nichts ist ja für die Erziehung wesentlicher, als daß das Kind seine Erzieher lieben kann. Gewiß, es wird auf seine sanguinische Art bald diesen, bald jenen Freund haben, sich bald an diesen, bald an jenen Erwachsenen anschließen, aber wenigstens an e i n e n der erziehenden Menschen sollte es in Treue gebunden sein und an diesem Punkte seine Sanguinik verlieren. Von dort aus kann man dann in der Erziehung weiterschreiten. Weder in der Selbsterziehung, noch in der Kindererziehung sollte man gegen das Temperament kämpfend angehen. Man kann es nicht mit Haut und Haar ausreißen wollen, dazu ist es zu fest mit seinem Eigentümer verwachsen. Stellt es doch die Verbindung zwischen Leib und Seele dar, denn es ist durchaus leiblich bedingt, in seinen Offenbarungen aber seelischer Natur.

Das sanguinische Kind wird man daher nicht zwingen dürfen und können, seine organisch bedingte Leichtlebigkeit abzulegen. Es wird wieder sehr vom Erwachsenen abhängen, ob er es fertig bringt, das übersanguinische Kind erst kürzere und dann allmählich täglich immer längere Zeit bei einem Spiel, beim Bilderbuch, bei irgend einer Beschäftigung zu halten. Je mehr es den Erzieher liebt, umso besser wird das gelingen. Doch sollte man ihm dabei seine Freude an der Abwechslung nicht nehmen. Gibt es doch auch so vieles im Leben des Kindes, dem gegenüber Sanguinik berechtigt ist, dem gegenüber es sich nicht zu fixieren b r a u c h t . Zu solchen vorübergehenden Eindrücken sollte ihm der Erzieher immer wieder Gelegenheit geben, damit es ihnen gegenüber den Überfluß an Sanguinik gewissermaßen „verbraucht". Man wird auch gut tun, falls man dem sanguinischen Kinde eine länger dauernde Beschäftigung zumutet, ihm innerhalb dieser Beschäftigung Abwechslung und Ablenkung zu verschaffen, wenn auch nur für seine Vorstellungen. Je angeregter seine Phantasie in immer wechselnden Bildern ist, umso lieber wird es bei einer Sache dabei bleiben. Und am liebsten dann, wenn es dem von ihm geliebten und verehrten Erwachsenen eine Freude damit machen kann.

Das melancholische Kind

Zu Gundulas achtem Geburtstag hat die Mutter ihr gleichaltrige Spielgefährten eingeladen. Gundula ist aber nicht zu finden. Sie hat sich unter die bis zum Boden reichende Decke des runden Wohnstubentisches zurückgezogen, und dort verharrt sie. Von den Spielgefährten will sie gar nichts wissen. Unter dem Tisch hervorgezogen, flüchtet sie in einen Winkel, weint lange still vor sich hin und starrt dann mit finsterem Gesicht und doch Sehnsucht im Blick auf das Spiel der anderen Kinder. Als sie sich endlich überwunden hat mitzuspielen, ist sie selig, schaut mit glänzenden um Zuneigung bittenden Augen alle Kinder der Reihe nach an und ist tief betrübt, als sie fortgehen. Besonders eines der kleinen Mädchen küßt sie zärtlich, erklärt sie innerlich zu ihrer „Freundin" und dichtet ihr im Stillen die schönsten Eigenschaften an, besonders alle die, die man bei ihr vermißt.

Gundula sucht sich gerne dunkle, abgeschlossene Stätten des Grübelns auf: man kann sie unter dem Sofa, zwischen Schrank und Tür, sogar im Schrank finden. Sie klettert gern auf den Speicher und hockt dort in einem Winkel auf einem Dachbalken. Im Garten versteckt sie sich im Gebüsch, unter den untersten Zweigen dunkler Tannen. Sie klettert aber auch in die Bäume und sitzt still auf einem Ast, dort wo das Laub am dichtesten ist und niemand sie entdecken kann. Sie ist nicht feige, obwohl sie sich vor Menschen fürchtet. Ihre Unternehmungen haben etwas Abenteuerliches und entspringen aus einer reichen, aber etwas absonderlichen Vorstellungswelt. Sie denkt viel. In ihren Gedanken spielt sie selber eine große Rolle. Sie ist bald eine Prinzessin, bald ein armes verlassenes Waisenkind, bald ein Held und bald eine ungerecht Verfolgte. Sie bezieht, was ihr erzählt wird, auf sich und kann nicht von Aschenbrödel hören, ohne sich so in dessen Wesen und Lage zu versetzen — daß sie seine Erlebnisse selbst zu haben glaubt. Sie ist daher den Erwachsenen oft ganz unverständlich, weil sie immer Rollen spielt, die diese nicht vermuten, und vor sich selbst nie das einfache Kindchen darstellt, das sie doch in Wirklichkeit ist. Ihre großen, leicht feuchten und glänzenden Augen blicken bald finster, bald überschwänglich heiter, ohne daß die Ursachen ersichtlich sind, die nur sie selber kennt. Ihre dünnen, glatten Haare über der hohen blassen Stirn verwandeln sich in ihrer Vorstellung in flutende goldene Locken, und sie trägt dann ihr kleines Köpfchen, das gewöhnlich etwas geneigt ist, und den schmalen Rücken, den sie gewöhnlich etwas krumm hält, stolz und gerade. Leider nur für kurze Zeit.

Als das kleine Mädchen, das sie ist, wenn sie keine Rolle spielt, ist sie meistens traurig und mißgestimmt (die Erwachsenen sagen „launisch"), als ob sie sich in d i e s e Wirklichkeit dann nicht hineinfinde. Sie ist empfindlich und leicht in ihrer Menschenwürde, die sie tief empfindet, gekränkt. Sie fühlt sich in Gegenwart anderer immer beobachtet, verliert leicht die Unbefangenheit, und indem sie unauffällig „posiert", schämt sie sich zu gleicher Zeit innigst über sich selber. Sie ist für ihr Alter viel zu bewußt und wirkt oft als kleine Erwachsene. Sie stellt nachdenkliche Fragen: Warum man Gott nicht sehen könne? Was dann käme, wo die Welt aufhört? Wie lang man sich die Ewigkeit vorzustellen habe? usw. Den Tod eines Verwandten nimmt sie kühl entgegen und weigert sich, den Schmerz der Erwachsenen zu verstehen: „Er ist doch im Himmel! Da sollte man sich doch eher freuen." Sie ist sehr fromm, aber auch mit einer kleinen seltsamen Note, fast etwas „mittelalterlich". Obwohl sie sehr darauf aus ist, wenn auch ohne laute Begierde, das ihrige zu bekommen und zu behalten, kann sie aus einer Art kindlicher Askese ihren Apfel, ihre Süßigkeiten verschenken, besonders wenn sie sich über irgend eine Unart schämt und bereut. Dann kann sie sogar ihre liebsten Schätze wegschenken, denen sie allerdings im Stillen lange und bitter nachtrauert.

Sie beschäftigt sich viel mit ihren „Sünden", zu denen sie ihre kindlichen Unarten steigert, und vertraut einer von ihr schwärmerisch geliebten Tante an, daß sie gerne sterben würde: „Denn jetzt bin ich noch klein, habe noch nicht viele Sünden begangen, jetzt käme ich wohl noch in den Himmel, aber wenn ich älter werde, da werde ich dann viele Sünden begangen haben und nicht mehr in den Himmel kommen." Sie ist überschwänglich offenherzig, wenn sie jemanden liebt, sonst aber verschlossen wie eine „Auster", wie ihre Mutter seufzend sagt. Denn sie hat Gundulas vertrauensvolle Neigung nicht gewonnen und keine Macht der Welt könnte das Kind veranlassen, ihrer Mutter ihr Herz auszuschütten. So ist es an der Oberfläche. Als sie aber — und damals war sie noch jünger — ihre Mutter einmal in tiefem Schlafe sah, bildete sie sich sofort die Vorstellung, die Mutter wäre gestorben, und erschrack selbst zu Tode, so daß sie diesen furchtbaren Augenblick, der ihr ihr wahres Verhältnis zur Mutter enthüllte, nie vergaß. Eben so wenig aber vergißt sie es, daß die Mutter sie einmal geschlagen hat. Daß diese Züchtigung ungerecht war, empfand sie tief, denn sie hatte das nicht verbrochen, was die Mutter ihr vorwarf. Noch viel tiefer aber empfand sie die strafende körperliche Berührung und fühlte sich in ihrer Ehre verletzt wie ein mittelalterlicher Spanier. Jahrelang kam sie über das Gefühl der Scham nicht hinweg. Wenn man ihr zu nahe tritt, das vergißt. sie-nie, und sie vergrößert und verschärft die Beleidigung in ihrer Phantasie, bis sie fast unerträglich wird und das kleine Mädchen stärker belastet, als ihr Alter verarbeiten kann. Sie wäre imstande, wie jener russische Knabe, sich alle ihr zugefügten Beleidigungen auf Zettel zu schreiben und sie in einem Versteck aufzuheben, lange Zeit, um sie eines Tages aus überschwänglicher Menschenliebe und tiefer Reue alle auf einmal zu vernichten.

Was zu ihrem frühreifen Wesen gar nicht paßt und sie zur Zielscheibe endloser Neckereien und Ermahnungen macht, ist die Tatsache, daß sie mit acht Jahren immer noch ab und zu am Daumen lutscht, an den Haarsträhnen kaut, am Schürzenzipfel saugt, an den Fingernägeln nagt, den Bleistift oder Federhalter zerbeißt. Man findet sie zusammengekringelt unter dem Sofa mit dem Daumen im Mund, als wenn sie sich rund herum von der Umwelt abschließen wollte. So enden oft ihre Spiele. Sie spielt am liebsten allein und sehr konzentriert, ist eine rührende Puppenmutter. Aber wie von der Fülle ihrer — übrigens eher abstrakten — Vorstellungen überwältigt und auch leicht ermüdet, sucht sie Erholung in der eben geschilderten Weise. Ihr größtes Vergnügen besteht darin, auf dem Teppich zu kauern, womöglich in die Falten eines Vorhanges versteckt, eine Süßigkeit zu „lutschen", ihre kleine Spieluhr spielen zu lassen und dazu Märchen und moralische Geschichten zu lesen. Sie liebt die langen, traurigen Geschichten. Die lustigen Fabeln und komischen Schwänke verachtet sie. Allerdings nur scheinbar, denn im Grunde lacht niemand so gern wie sie, und sie ist jedem dankbar, der sie durch Witze und humorvolle Bemerkungen zum Lachen bringt. Das befreite, unbefangene Lachen empfindet sie dann als Erlösung. So klein sie ist, weiß sie das schon, denn ihre Beobachtungsgabe in Bezug auf sich selbst ist fast unheimlich. Jede A b s i c h t, sie zu erheitern, weist sie aber schroff von sich. Man muß sie überlisten, wenn man sie vergnügt machen will. Sie ist im Grunde nicht ungern traurig.

Die körperlichen Grundlagen des melancholischen Temperamentes

Gundula hat im allgemeinen keinen besonders großen Appetit, sie ist wählerisch. Nach Süßigkeiten und süßen Speisen verlangt sie, und es läßt sich nicht leugnen, daß sie nascht — zu ihrer eigenen tiefen Beschämung. Ihre redlichen Versuche, mit dieser „Sünde" fertig zu werden, waren bis jetzt vergeblich. Ihre ausgesprochenste Abneigung geht gegen tierische Nahrung, die noch die Form des Lebendigen beibehalten hat, Hasen, Hühnchen, Fische usw. Sie ist nicht zu bewegen, davon auch nur das kleinste Stückchen zu essen. Wo aber die Herkunft der Nahrung nicht mehr ersichtlich ist, da ißt sie zeitweise Fleisch sogar recht gern. (Ohne sentimental zu werden, sollte man doch vermeiden, Kindern Tiere in ihrer erhaltenen Gestalt vorzusetzen, und ihnen das Fleisch lieber zerschnitten geben. Es ist auch für weniger empfindliche Kinder nicht schön, ihre Freunde in dieser Form aufgetischt zu bekommen, und

Kinder lieben Tiere und sind mit ihnen befreundet.) Auch Gundula liebt Tiere leidenschaftlich und teilt ihren Kaninchen, im Stall zusammengekauert, mit, was ihr übervolles Herz bewegt und von den Erwachsenen nicht verständnisvoll aufgenommen wird.

Gundula leidet beständig an Verstopfung. Zum Glück ißt sie Obst, wenn es reif und süß ist, gern. Obwohl sie schlank ist und ein spitzes, blasses Gesichtchen hat, hat man das Gefühl, als ob der Körper zu schwer wäre und sie Mühe hätte, ihn zu tragen. Sie schleicht beim Gehen, geht krumm mit gesenktem Kopf und muß sich immer wieder sagen lassen: „Heb doch die Füße! Halte dich gerade!" Sie wird schnell müde und leidet an schweren Kopfschmerzen. Ihr Phantasieleben aber ermöglicht ihr oft, wenn es rege ist, die körperliche Schwäche zu überwinden, aber im allgemeinen ist ihr Überwindungswille schwach, nicht in ihrer Vorstellung, aber in der Ausführung. Die Schwerekräfte der Erde scheinen sie herunterziehen zu wollen, ihre Augen suchen auch bei Spaziergängen die Erde, und selten hebt sie den Blick.

Sie schläft spät ein, da im Bett ihr Drang, zu sinnen und „Geschichtchen" auszudenken, besonders stark ist. Morgens ist sie furchtbar müde, kaum zum Aufstehen zu bewegen und noch lange weinerlich, verstimmt und übelnehmerisch. Sie erschrickt vor kaltem Wasser und liebt Wärme über alles. Wenn sie krank ist — sie hat oft Magenverstimmungen — leidet sie sehr, aber in der Genesungszeit, die sie möglichst auszudehnen bestrebt ist, ist sie mit Wollust krank, läßt sich gerne pflegen und verwöhnen und genießt in höchstem Maße die Aufmerksamkeit der Erwachsenen und die seelische Wärme, die sie dem kranken Kinde entgegenbringen.

Ihre Augen sind nicht besonders kräftig, sie hat Anlage zur Kurzsichtigkeit, und da sie auch im Bett und in der Dämmerung unmäßig liest, wird ihr wohl die Brille bald bevorstehen. Ihr Gehör ist gut ausgebildet und sie ist ausgesprochen musikalisch. Sie spielt Klavier und Geige und singt auch gerne. Nur neigt sie dabei zum „Heulen", wie der große Bruder lieblos ihr schmachtendes, sentimentales Ziehen nennt. Sie ist seelisch und körperlich ein zartes Kind und beansprucht viel Sorgfalt und liebevolles Verstehen.

Behandlung des melancholischen Kindes

Sorgfalt und liebevolles Verstehen ist dem melancholischen Kinde notwendig wie das tägliche Brot. Aber nicht so, daß man ihm das a l l z u bemerkbar macht. Es ist ja ein kleiner Egoist und will sich im Mittelpunkt fühlen. Trotzdem sollte es die genügende Wärme immer spüren können, damit es nicht zu viel Hemmungen in sich anstaut und sich in ihnen verhärtet. Es braucht einen Menschen, dem es sich vertrauensvoll aufschließen kann, und ist dabei nicht einmal anspruchsvoll. Ein freundliches, verstehendes Wort — und sein Herz und Vertrauen ist gewonnen. Dazu ein leiser menschenfreundlicher Humor über seine Absonderlichkeiten und Eigenbrödeleien, der es selber zum Lächeln bringt.

Viel seelische und geistige Nahrung verlangt das melancholische Kind. Wer ihm erzählt oder es unterrichtet, sollte viel Märchen, Geschichten und Biographien wählen, die es

anregen, die eigene Schwere zu vergessen und am leid-
vollen Schicksal anderer Menschen teilzunehmen. Er wird
es dazu im höchsten Maße bereit finden. Auch sollten die
Erwachsenen seiner Umgebung sich nicht davor scheuen,
das melancholische Kind an ihren eigenen Sorgen und Leiden, vergangenen und gegenwärtigen, teilnehmen zu lassen,
soweit sie seiner kindlichen Auffassung verständlich sein
können und es nicht allzusehr belasten. Man wird unmittelbar heilend wirken und die kindliche Melancholie mildern
und harmonisieren, wenn man dem Kinde erzählt, was man
selber durchgemacht hat, und was Menschen, die es kennt,
durchmachen müssen. Das wird viel wohltätiger wirken,
als wenn man versucht, es zu erheitern und gewaltsam
aus seiner Schwermut zu reißen.

Gern wird das melancholische Kind kleine Dienste leisten,
wenn es fühlt, daß es dadurch Leiden lindert. Es wird kein
schlechter Krankenpfleger sein, und man sollte es — natürlich seinen kindlichen Kräften angemessen — zu solchen
Aufgaben heranziehen, trotzdem es sich dabei aus seiner
Befangenheit heraus, und weil es sich immer selbst beobachtet und von anderen beobachtet weiß, zunächst verlegen und ungeschickt benehmen wird. Hat es das überwunden, wird es mit stiller, inniger Freude und Zartheit
z. B. für die erkrankte Mutter oder die Geschwister sorgen.

Man sollte das melancholische Kind warm halten (natürlich nicht in übertriebener Weise) und es nie ganz kalt
abwaschen oder übergießen. Es sollte mit freundlichen, har-
monischen Gedanken und Empfindungen abends ins Bett
kommen und morgens mit großer Freundlichkeit aufgeweckt
werden. Schwere Nahrung wird man ihm — wie jedem

Kinde — ersparen. Sonnenreife, süße Früchte, Salate und leichte Gemüse tun ihm gut. Aber auch mitunter etwas helles Fleisch schadet ihm nichts und wird von ihm im allgemeinen gern genommen. Es braucht gemischte Kost und anregende Speisen. Obwohl es ein großer Freund von Süßigkeiten ist und gut gezuckerte Speisen braucht, wird es doch auch gerne eine Salzbrezel, eine saure Gurke, einen säuerlichen Salat essen. Man wird bei ihm unauffällig und taktvoll für eine gute Verdauung sorgen müssen und ihm zu gesunder Körperbewegung verhelfen, die aber weniger im Sportlichen als im Rhythmisch-Musikalischen gesucht werden sollte. Eurythmie*, bei der das melancholische Kind sein S e e l e n l e b e n mit der Bewegung seiner Gliedmaßen verbinden kann, wird gerade ihm wunderbare Erleichterung und Heilung bringen, sobald es die Hemmung überwunden hat, die darin liegt, daß es vor anderen Menschen sein Wesen offenbaren muß und sich dabei selbst beobachtet.

Das cholerische Kind

Wiltrud tobt. Ihre untersetzte Gestalt bebt, mit beiden festen Fäusten schlägt sie auf den Jungen ein (sie ist 10, er etwa 12) in besinnungsloser Wut. Ihre struppigen Haare stehen vom Kopfe ab wie die gesträubten Federn eines Raubvogels, die Höcker auf der stark gerundeten Stirn scheinen sich tatsächlich zu stoßenden Hörnern auszuwach-

---

* Die Bewegungskunst der Eurythmie, von Rudolf Steiner ausgebildet, ist ein wichtiger pädagogischer und therapeutischer Bestandteil der hier vorgebrachten Erziehungsweise. Vgl. die beiden Vortragsreihen Rudolf Steiners: „Eurythmie als sichtbare Sprache" und „Eurythmie als sichtbarer Gesang".

sen. Der große Junge, ihr Feind, sucht sich ihrer Stöße und Bisse zu erwehren, zieht sich aber dann verlegen zurück, weil zuschauende Kameraden über seinen Kampf mit dem kleinen Mädchen lachen, bei dem er den Kürzeren zu ziehen scheint. Wiltrud liest ihr heulendes Brüderchen, die unschuldige Ursache ihres Kampfes, aus dem Straßenstaub auf, in den ihn der Große gestoßen hat, packt ihn an der Hand und schleppt ihn hinter sich her. Sie heult nicht, sie schluchzt in starken Stößen, die sie vergeblich zurückzuhalten sich bemüht, und wischt sich heftig die widerwillig fließenden Tränen ab. Dabei stampft sie noch stärker als gewöhnlich den Boden und setzt ihre Fersen noch energischer auf. Wie wenn sie sich in die Erde hineinstoßen und sich dort Kraft holen wollte gegen die Bosheit der Welt, der ihr Brüderchen eben zum Opfer gefallen ist! Sie hat die eine Hand noch immer zur Faust geballt, die andere hat Brüderchens Handgelenk im festen Griff. Sie weint nun nicht mehr, aber ihre kleinen, von starken Knochen überwölbten Augen funkeln, und sie hat den Hals zwischen die Schultern gezogen, wie wenn sie ihr ganzes Wesen innerlich zusammenziehen und festigen wollte. Ihre Geschwister sprechen achtungsvoll von Wiltruds „Stiernacken". Sie sind alle jünger als Wiltrud, bei der Geburt des jüngsten vierten Kindes ist die Mutter gestorben. „Jetzt sind wir vier Kinder, aber keine Mutter mehr", so hatte sie das tragische Ereignis ihrer Lehrerin gemeldet. Gleichmütig setzte sie sich an ihren Platz. Ohne mit der Wimper zu zucken, hörte sie die Legende an, durch die die Lehrerin das Erlebnis des Todes für die Kinder zu vertiefen und zu verklären suchte. Nach außen gab Wiltrud kein Zeichen der Teilnahme und des Schmerzes, aber

zu Hause erzählte sie ihrem Vater in einer stillen Stunde
wörtlich genau die Geschichte wieder. Beim Begräbnis stand
sie mit finsterem Gesicht neben dem Vater und weinte
nicht, aber treulich geht sie jeden Tag auf den Kirchhof
und pflegt das Grab der Mutter. Sie hat nun als Älteste
die Herrschaft über ihre Geschwister angetreten, die sie
gegen jede Gewalt verteidigt, unbedenklich — erbittert —,
die sie aber auch ebenso unbedenklich tyrannisiert, und
die bei ihr nichts zu lachen haben. Sie flüchten sich zu ihr
in Gefahren, aber wie gern würden sie sich vor ihrem
heftigen Wesen von der Mutter behüten lassen wie zu
deren Lebzeiten!

Wiltrud weiß, was sie will und auch wie das Gewollte
zu erreichen ist. Als sie in die Schule kam, hörte sie aus
einer Klasse, die nicht die ihre war, die Stimme einer
Lehrerin und erklärte: „Das ist m e i n e Lehrerin!" Von
da ab wehrte sie sich heftig gegen ihre eigene Klasse, gegen
die Schule überhaupt, tobte zu Hause, fieberte, erkrankte
und mußte schließlich auf ärztlichen Rat der Klasse jener
Lehrerin zugeteilt werden, der sie die Berechtigung, sie zu
erziehen, an der Stimme abgehört hatte. Von da ab war
sie in der Schule ruhig und eifrig, ihrer Lehrerin leidenschaftlich zugetan.

Im Unterricht ist sie nicht immer dabei. Ihr starkes
Kinn vorgeschoben, starrt sie träumerisch vor sich hin, sie
ist mit sich selbst beschäftigt und denkt nicht daran, bei
etwas mitzutun, was sie selber nicht von innen her be-
geistert. Sie liebt tollkühne und wagemutige Geschichten.
Wenn sie solche Geschichten wiedererzählt, wird sie unwillkürlich dramatisch, überhaupt ist sie eine temperament-

volle Schauspielerin — falls die Rolle ihr liegt. Sie weigerte sich aber standhaft, bei einer kleinen geschichtlichen Aufführung einen Sklaven zu spielen, obwohl dieser Sklave im Zusammenhang des Stückes viel zu bedeuten hatte und mancher Schulgenosse sie um die Rolle beneidet. Aber sie: nein, lieber tot als Sklave! Da spielte sie lieber gar nicht mit.

Wiltrud ist ein Frühaufsteher, beim ersten Morgenlicht ist sie wach und tätig. Im Sommer zieht sie sich leise an und arbeitet an ihrem Gartenbeet oder brütet, durch die Gegend stampfend, ihre eigenen Pläne und Entschlüsse aus. Im Winter holt sie sich Bücher, Zeichenpapier und Buntstifte ins Bett und arbeitet, bis sie aufstehen darf. Sie schafft konzentriert und zäh. Das Lernen fällt ihr nicht leicht, und es ist qualvoll, ihr zuzusehen, wenn sie den Federhalter zwischen die Finger krampft, den Zeigefinger darauf preßt, sodaß das oberste Fingerglied mit dem zweiten fast einen rechten Winkel bildet, und ihre streichholzdicken Striche ins Papier drückt. Sie malt mit wilder Kraftentfaltung ohne allzuviel Formgefühl: ihre Malereien sind ganz und gar Äußerungen der Dynamik ihres Wesens. Sie bevorzugt ein feuriges Rot, kann aber auch einmal in den allerzartesten Farben pinseln, wenn sie einem Menschen, den sie liebt, eine Freude damit machen will. Bei ihr ist alles vom Willen abhängig, und sie kann für ihr Alter unglaublich viel an Selbstüberwindung aufbringen, wenn sie von innen her einsieht, daß das notwendig ist.

Ihre moralischen Begriffe, mit denen sie die Geschwister regiert, sind einfach, fast grob. Vor allem wird das „Böse" unerbittlich bestraft, das Gute mit einem kargen Lobe bedacht. Sie selbst, ja s i e ist eben d a mit einer Fülle von Kraft und Wollen, sie nimmt sich durchaus als eine gegebene Größe. Der Vater hat es schwer, sie aus dieser Position zu vertreiben, wenn ihre Untaten das notwendig machen. Reue und Buße liegen ihr auch dann nicht, wenn sie einsieht, daß sie unrecht gehandelt hat; aber ein tätiges Wiedergutmachen mit rotem Kopf und energisch zusammengebissenen Zähnen ist ihrem Wesen gemäß. Wenn sie sich eine Zeit lang zu viel von ihren Geschwistern und Kameraden gefallen läßt und sanft und gleichmütig dabei bleibt, dann fühlen diese ein ahnungsvolles Grausen, denn eines schönen Tages, ganz unvorhergesehen, wird sie ausbrechen wie ein Vulkan und Feuer und Steine aus sich herausschleudern. Merkwürdig ist, daß sie, seitdem sie einmal als jüngeres Kind von einem Italienreisenden eine Beschreibung des Vesuv gehört hat, am liebsten feuerspeiende Berge zeichnet und malt. Da sie nicht übermäßig begabt ist, ergibt sich das seltsame Bild eines harmlosen Zuckerhutes, aus dem zinnoberrote Springbrunnen aufsteigen, während durch den sehr blauen Himmel bräunliche und dunkelblaue Klumpen fliegen. Immerhin, es ist ein Ausdruck ihres cholerischen Wesens!

Wie sie nicht viel Schlaf braucht, überhaupt fast nie schläfrig erscheint, so ißt sie auch nicht übermäßig viel und ist nicht wählerisch. Am liebsten ißt sie Obst, das sie sich mit „Lebensgefahr" selbst von einem Baum geholt hat. Sie verachtet alles Breiige und beißt gern in ein Stück trockenes Schwarzbrot. Nüsse kracht sie zwischen den Zähnen auf (obwohl das verboten ist). Sie ist weit davon entfernt, Süßigkeiten abzulehnen, hat aber nie genascht, denn ihre

Streifzüge in fremde Obstgärten entspringen weniger der Naschsucht als dem Wagemut oder einem natürlichen Hungergefühl, das sie unbekümmert befriedigt. Wiltrud neigt heftig zu rotem Kopf und zu plötzlich starken Fieberanfällen und Entzündungskrankheiten, besonders des Halses. Sie hat manche Kinderkrankheit hinter sich und hat z. B. sowohl Scharlach wie Diphterie gehabt.

Die Vorzüge und Gefahren des cholerischen Temperamentes liegen klar zutage. Sie ist kein schwankendes Rohr, ihre Entschlüsse, denen das Moment des Nachdenkens meistens fehlt, kommen aus den Tiefen ihres Willenswesens und sind ganz ihre eigenen. Ihre Eltern haben mit Schrecken die Tobsuchtsanfälle miterlebt, denen sie als kleines Kind unterworfen war, als sie mit blaurotem Gesicht brüllte und mit Armen und Beinen krampfig um sich schlug. Das hat sich gebessert in dem Maß, als ihr Vorstellungsleben erwachte, aber bei Gelegenheit kann sie doch noch in einen so rasenden Zorn geraten, daß sie sich selbst nicht mehr kennt und ihre Umgebung ihr völlig hilflos gegenübersteht. Am Tage nach einem solchen Ausbruch ist sie dann still und gezähmt und für eine ernsthafte Besprechung mit dem Vater zugänglich. Die Entschlüsse, die sie dann faßt, hält sie mit Kraft so lange aufrecht, bis ihr Temperament wieder mit ihr durchgeht. Das kann bei ihrem starken Willen manchmal längere Zeit dauern.

Das cholerische Temperament beansprucht viel, viel Geduld und ein tiefgehendes praktisches Verständnis der kindlichen Seele. Es verlangt auch vom Erzieher die größte Selbstüberwindung. Denn man ist nur zu leicht geneigt, gegenüber den wütenden Äußerungen des tobenden Kindes ebenfalls die Fassung zu verlieren und heftig zu reagieren. Und doch ist es das Allerwichtigste, auch dem schlimmsten Toben gegenüber Gleichmut und Ruhe des Zuschauers zu bewahren und sich auf keinen Fall aufzuregen und aus der Aufregung zu handeln. Das ist unendlich schwer, und sehr viele Erzieher scheitern an diesem Temperament, das — soll man sagen „leider" oder „zum Glück"? — in unserer Zeit verhältnismäßig selten auftritt. Man darf allerdings nervöse Unbeherrschtheit nicht einfach mit Cholerik verwechseln. Nervosität ist beim Kinde Schwäche, Cholerik ist aber Kraftäußerung, wenn auch zunächst undisziplinierte.

Dem cholerischen Kinde wird man immer die Möglichkeit geben müssen, seine Kräfte zu entfalten und sie so auszuwirken, daß sie nicht Schaden sondern Nutzen bringen. Holzhacken, Sägen, Nägel einschlagen, Steine schleppen usw. sind gesunde Beschäftigungen; man sollte sich nicht so sehr davor fürchten, daß die Kinder sich beschädigen könnten. Kaum braucht es erwähnt zu werden, daß man die kindliche Kraft nicht wirtschaftlich ausnutzen soll: im kindlichen Alter muß ja die gliederbewegende Arbeit freudig, ohne Zwang, um ihrer selbst willen getan werden. Der kleine Choleriker braucht auch einen Auslauf, wo er sich frei bewegen, sich auch auf dem Boden wälzen und um

sich schlagen darf. Choleriker in engen Stuben sind unerträglich. Es ist gut, wenn die Aufträge, die man dem cholerischen Kinde gibt, seine Kräfte um ein Geringes über-
steigen, sodaß es bemerkt, daß es sich anstrengen muß, und
leise beschämt einsieht, daß es doch nicht der große Held
und Alleskönner ist, als den es sich gern empfindet. In
gleicher Richtung harmonisierend wirken Erzählungen von
Heldentaten, bei denen das Kind erlebt: das hätte i c h
doch nicht gewagt, das hätte i c h wahrscheinlich nicht
fertiggebracht. Selbstverständlich muß man solche Schluß-
folgerungen dem Kinde selbst überlassen; dann sind sie erst
wirksam, denn das cholerische Kind will von innen heraus
zu eigenen Einsichten kommen. Es wird schon als kleines
Kind „Alleine machen!" rufen, wenn ihm die Pfleger beim
Anziehen oder Essen helfen wollen. Das wird es beibehalten, daß es sich nicht gerne helfen läßt, sondern aus seiner
Selbständigkeit heraus sittlich handeln will.

Bringt es der Erzieher fertig, bei den Tobsuchtsanfällen
des Kindes ganz gelassen zu bleiben, so wird es um so
wirksamer sein, wenn er etwa nach 24 Stunden, wenn das
Kind eine Nacht geschlafen hat, völlig beruhigt und innerlich beschämt ist, mit ihm das Vorgefallene in aller Ruhe,
aber auch mit tiefem Ernste bespricht. Während im Mo-
mente des Tobens das Kind keinem Zusprechen, keinem
Vernunftgrund zugänglich ist, ist es in beruhigtem Zustand,
nachdem es eine Weile sich selbst überlassen war, für jede
einsichtsvolle, moralische Hilfestellung dankbar, die man
ihm ohne Beschönigung seiner Unart, aber auch ohne jede
Schadenfreude oder Ironie gewährt. Der arme kleine Wil-
lensmensch hat es ja so schwer mit sich selbst, er ringt und

kämpft oft weit über sein Alter hinaus mit den feurigen Rossen in seiner Seele, die immer wieder zur Unzeit ausbrechen und durchgehen wollen. Er möchte ja so gerne die Zügel fest in der Hand behalten; da aber in seinem Alter die Kraft noch nicht gereift ist, die die Willensrosse zügeln und lenken kann, erwartet er mit Recht von den Erwachsenen eine energische, aber verständnisvolle Führung.

Auch das cholerische Kind wird am besten gedeihen, wenn es einen Erwachsenen feurig verehren kann. Aus Liebe zu ihm wird es seine Leidenschaftlichkeit am besten beherrschen lernen. Allerdings wird es geneigt sein, auch in Verehrung und Liebe mit seiner warmen Seele über das Ziel hinauszuschießen. Es wird sich aus der dem gesunden Kinde eigentümlichen Keuschheit zurückzuhalten suchen, und gelingt ihm das nicht mehr, so wird es den Äußerungen seiner heißen Verehrung die merkwürdigsten Formen geben. Es war nichts als heiße Liebe, die Wiltrud veranlaßte, eine besonders geliebte Lehrerin aus dem Hinterhalt hart mit Schneebällen zu treffen. Wie hätte sie ihr anders sagen können, daß sie sie verehrte? Ihr Blumen zu bringen, hätte sie als kindisch und geschmacklos — weil nicht zu ihrem Wesen passend — abgelehnt. Wie sie als kleines Kind ihre Mutter aus übergroßer Liebe kräftig biß, so äußert sich auch bei dem Schulmädchen ihre Freundschaft zu andern Kindern am liebsten in energischen Püffen und Stößen.

Ironie kann die kindliche Seele n i e vertragen, am wenigsten aber die des cholerischen Kindes, das durch spöttische Ironie tief verwundet und zu nachhaltiger Opposition getrieben werden kann. Nachsichtig-zarter Humor

50

wird aber gerade vom cholerischen Kinde dankbar empfunden, weil es ja überhaupt jede liebevolle Anregung, die ihm nicht aufgezwungen wird, gerne annimmt und in Selbsterkenntnis tief in sich verarbeitet, bis sie ihm zur eigenen inneren sittlichen Einsicht geworden ist, aus der dann sein tatkräftiges Handeln an sich selber und für die andern hervorwächst.

Das phlegmatische Kind

Hannes hockt in der Schulbank und schaut stumpf vor sich hin. Doch ist er innerlich nicht ganz unbeschäftigt, wenn er auch den Ausführungen des Lehrers über die Geheimnisse des Einmaleins keine Teilnahme schenkt. Er träumt nämlich von seinem Frühstücksbrot, das, wie er wohl wahrgenommen hat, von der Mutter mit Butter und Käse reichlich belegt worden ist, und von dem großen rotbäckigen Apfel, den sie ihm in den Schulranzen gesteckt hat. Ein Blick aus schläfrigen Augen auf den Lehrer — der schreibt etwas auf die Tafel und wendet ihm halb den Rücken zu —, und leise fangen Hannes' dicke Finger an, das Butterbrotpapier auseinander zu wickeln. Es raschelt, Hannes stockt und blickt einen Augenblick scheinbar interessiert zur Tafel; der Lehrer hat sich der Klasse wieder zugewendet. Hannes begreift halb träumend, daß er das Brot kaum ungestört wird herausziehen und genießen können, und wendet sich dem Apfel zu. Der ist nicht eingewickelt. Er erwischt ihn in der Ecke des Ranzens. Der Federkasten klappert. Der Lehrer wird durch das Geräusch an Hannes' Gegenwart in der Klasse erinnert, Hannes entzieht sich für gewöhnlich durch völlige Abwesenheit des Geistes seiner Aufmerksamkeit. Er stellt an Hannes die nach dessen Ansicht schwierigste Frage des ganzen kleinen Einmaleins, nämlich wieviel 7 mal 8 sei? Hannes erhebt sich langsam, wobei er sich mit den dicken Armen auf die Bank stützt. Über die Polster der gerundeten roten Backen schaut er mit feuchten Augen verständnislos auf den Lehrer. Hannes ist nicht dumm, außerdem hat er ein gutes Gedächtnis. Mit genügendem Zeitaufwand konnte er sich das kleine Einmaleins durchaus einprägen. Er kann es vorwärts und sogar rückwärts aufsagen. Was er nicht kann, ist, auf überraschend gestellte Fragen „außer der Reihe" zu antworten. Außerdem kann er nicht so plötzlich seine Träume an Apfel und Brot in komplizierte Denktätigkeit umwandeln. Er bleibt die Antwort schuldig. Der Lehrer ist geduldig. Hannes wird aufgefordert, das Einmaleins mit der Sieben aufzusagen. Nach einigem Zögern beginnt er langsam und leiernd, kommt in den Rhythmus hinein, geht schneller voran und überrennt die gestellte Frage nach 8 mal 7, denn im rechten Augenblick und ehe das Einmaleins zu Ende ist, zu stoppen, dazu fehlt es ihm an Geistesgegenwart. Er hört erst bei 10 mal 7 ordnungsgemäß auf. Ein Sanguiniker hat inzwischen die Antwort in die Klasse geschmettert. Der Lehrer wendet sich diesem Vorlauten tadelnd zu. Hannes sinkt lautlos auf das eigene Fettpolster und bleibt eine Weile ruhig sitzen. Dann greifen die Hände wie von selber nach dem Apfel, er muß dazu nicht nachdenken. Er senkt den großen runden Kopf tief, bis er mit der Stirn fast auf der Bank liegt, und verzehrt in dieser Lage lautlos die begehrte Frucht. „Hannes!"

ruft der Lehrer. Hannes hebt den Kopf, nicht allzu schnell, die dicken Backen sind noch röter als sonst. „Schlaf nicht", brummt der Lehrer. Nach einer Weile kehrt Hannes zu Brot und Apfel zurück, und ehe es zur Pause läutet, hat er es ohne allzuviel Anstrengung fertig gebracht, beides bis auf den letzten Rest zu verzehren. Ruhig wischt er sich die feuchten, fettigen Hände an den Hosenbeinen ab und greift in seine Tasche nach einem 10-Pfennig-Stück, um sich damit beim Bäckerjungen, der in der Pause im Schulhof Brötchen verkauft, eine „Schnecke" und eine Zuckerstange zu erwerben. Die Schnecke verleibt er sich in der Pause ein, wo er in einer Ecke stehend dem wilden Getümmel auf dem Schulhof friedlich zuschaut. Einmal wird er umgestoßen, fällt und erhebt sich langsam, ohne verwundert oder gekränkt zu erscheinen. Das Lecken an der Zuckerstange wird ihm das Leben in der nächsten Schulstunde versüßen.

Hannes führt im elterlichen Hause ein geruhsames Leben, betreut von seiner rundlich-friedlichen Mutter, die an seinem Phlegma keinen Anstoß nimmt. Seine Erziehung hat ihr nie Schwierigkeiten gemacht. Er hat als kleines Kind stundenlang still im Wagen gelegen, am Schnuller gelutscht, der allerdings für seinen Frieden unentbehrlich war, und vor sich hingedöst oder ist mit dem Blick den langsamen Bewegungen der kleinen fettigen Händchen gefolgt, die lange Zeit sein einziges „Spielzeug" waren. Die Nahrungsaufnahme brachte ihn immer etwas in Bewegung: die Milchflasche konnte ein stilles Leuchten auf dem runden Gesichtchen hervorzaubern, und die Schüssel mit dem gezuckerten Grießbrei konnte ihn sogar veranlassen, zu zappeln und der begehrten Speise energisch zuzustreben. Essen und Verdauen waren die zwei vernünftigen Beschäftigungen, denen das Baby sich mit Genuß und Beharrlichkeit hingab. Und man sah auch, „wo es blieb". Hannes' Mutter huldigt der altmodischen Anschauung, daß „dick"-sein gleich „gesund"-sein ist, und konnte den gewünschten Zustand bei ihrem Sohn leicht erreichen und aufrechterhalten. Er ist nicht oft krank; er kann auch die Nahrungsmengen, die die besorgte Mutter ihrem Einzigen zuführt, gut bewältigen und in Fettpolster umsetzen. Er verdaut die fettesten Butterbrote und Nudelsuppen, den süßesten Grießbrei, die schweren Eierspeisen und den dicken Haferkakao zu seiner und seiner Mutter Freude. Allerdings lernte er spät gehen, jag, als er aus dem Wagen in das „Ställchen" übersiedelte, am liebsten still auf dem Teppich, lernte langsam und träge kriechen, sich aufrichten und allmählich und ungern auf den ungeformten Säulchen seiner Beine wackeln und gehen. Er lernte das Letztere nur dadurch, daß man ihm eine Lieblingsspeise vorhielt. Aber er ist nicht wählerisch, fast alle Speisen, die man ihm gibt, sind Lieblingsspeisen, auf die er zustrebt.

Als er zu spielen begann, war seine Phantasie nur gering. Er bekam mit zwei Jahren eine Arche Noah, und noch heute kann man den Achtjährigen finden, am Boden sitzend, wie er ein Tier nach dem anderen aus der Arche Noah herausnimmt, jedes ordentlich in Reih und Glied neben das andere hinstellt und sie dann wieder eben so ordentlich in die Arche hinein aufräumt. Er hat einen ausgesprochenen, fast pedantischen Ordnungssinn. Jedes Ding muß an den ihm zugehörigen Platz kommen und

54

dort verbleiben. Seine Kleider ordnet er aufs sorgfältigste beim Zubettgehen und wünscht sie morgens so wieder vorzufinden. Er mag nur aus der Tasse trinken, aus der er von jeher getrunken hat, nur sein eigenes Löffelchen benützend. (Doch hat er, bis er zur Schule kam, am liebsten am Boden auf dem Rücken liegend aus der Flasche getrunken.) Ja, als er einmal auf Besuch zu Verwandten mitgenommen wurde, bei denen man auch übernachten wollte, gab es eine Katastrophe. Er wollte nur „sein" Nachttöpfchen benutzen, auch nicht das schönste „fremde", obwohl es ihm in den liebevollsten Tönen angeboten wurde. Mit erstaunlicher Energie, die einer besseren Sache würdig gewesen wäre, beharrte er auf seinem Standpunkt und unter verzweifeltem, fast cholerischem Gebrüll fügte er sich nach Stunden erst dem übergroßen Zwange der Natur. Nur wo Traditionen nicht inne gehalten werden, wird Hänschen cholerisch, er, der doch sonst das Urbild des Phlegmatikers ist! Rhythmus geht ihm über alles; er weiß ohne Uhr, wann die zahlreichen Mahlzeiten einzunehmen sind, wann die Schlafenszeit nach dem Mittagessen und abends gekommen ist. Er gehört nicht zu den vielen Kindern, die nicht ins Bett zu bringen sind, er geht gern zu Bett und schläft lange und fest.

Hannes hat spät sprechen gelernt und sich lange mit den einfachsten Lauten begnügt, um sich zu verständigen. Er spricht äußerst langsam, macht lange Pausen zwischen den einzelnen Worten. Er ist musikalisch, man kann ihn bei seinem langweiligen Spielen, oder wenn er einfach in der Sonne auf einem Kissen sitzt mit untergeschlagenen Beinen — ein kleiner, fetter chinesischer Götze — und sein Dasein halb schlafend genießt, leise und sehr rhythmisch vor sich hin singen hören, etwa immer dasselbe Liedchen, das er kennt: Hänschen klein..., oder nur Töne: la la la..., oder er summt nur wie eine Hummel, die behaglich im Sonnenschein brummt. Hänschen liebt Wärme, auch seelische Wärme, mit der seine gute Mutter nicht spart, doch muß diese Wärme, die ihm entgegengebracht wird, nicht fordernd sein. Er vermeidet seelische Anstrengung. Doch schmiegt er sich in seiner Mutter Schoß und sitzt dort lange still, er würde aber nie von sich aus die Arme fest um ihren Hals schlingen, und die Küßchen, die er ihr gibt, sind kühl und gewohnheitsmäßig, gehören traditionell zum Guten-Morgen- und Gute-Nacht-Sagen dazu.

Hannes war immer ein zuverlässiges Kind. Man konnte sich auf seine Gewohnheiten bis in die Verdauungsgeschäfte hinein immer verlassen. Was man ihn gelehrt und was er angenommen hat, das geschieht bis auf die Minute pünktlich und genau. Er füttert die Goldfischchen, begießt die Blumen stets zur gewohnten Zeit. Schon mit fünf Jahren machte er kleine Besorgungen zur Zufriedenheit der Mutter, brachte das Gewünschte richtig mit und fand sich mit dem Gelde erstaunlich gut zurecht. Hatte man ihm eine Geschichte oft genug erzählt — er will immer dieselben Geschichten hören — so konnte er sie auswendig und erzählte sie, ohne sich zu verwirren, mit genau denselben Worten, Gebärden und dem gleichen Tonfall wie der Erwachsene wieder. Er kennt eine Menge Gedichte und Lieder und singt nie falsch. Er sitzt gern am Klavier und spielt — langsam wie er spricht — einen Ton nach dem andern. Wenn die Erwachsenen die Geduld hätten, längere

Zeit zuzuhören, so müßten sie zugestehen, daß das Ganze einen nicht unangenehmen musikalischen Eindruck macht. Er vermied dabei lange Zeit sorgfältig die schwarzen Tasten.

Hänschen ist gern allein, er hat von sich aus keine Freunde. Den andern Kindern ist er zu langweilig, ihm sind sie zu aufregend. Nur ein kleines, dickes Mädchen, phlegmatisch wie er selber, kann oft stundenlang stillschweigend neben ihm sitzen, und ihr Spiel und Gespräch verläuft genau nach dem Muster jenes Gespräches zwischen zwei Bauern, die einmal zusammen durch den Wald wanderten. Der eine, nachdem man eine Stunde stillschweigend gegangen ist, murmelt: „Schönes Wetter heute!" — der andere nach einer weiteren Stunde Wanderns: „Und warm!"

Zum Erstaunen besorgter Verwandter und Bekannter — Hänschens Mutter hatte sich keine Sorgen gemacht, ihr schien das überflüssig — erwies er sich nicht einmal als schlechter Schüler, als er in seinem siebenten Lebensjahr in die Schule kam. Ohne Widerstreben, sogar mit einem gewissen Behagen, übte er seine Striche, Buchstaben und Zahlen, immer dieselben, möglichst die ganze Tafel voll. Er hat eine klare, wohlgeformte, allerdings sehr kindliche Schrift. Zum Glück hat er einen ruhigen, verständigen Lehrer, der ihn nicht hetzt und bald einsah, daß Hannes alles zuwege bringt, wozu man ihm Zeit läßt. Der überhaupt die Meinung hat, daß man in den ersten Schuljahren nur langsam vorangehen und den Kindern viel Gelegenheit zum Ü b e n geben sollte. Und Üben tut Hannes gern. So malt er mit stiller Begeisterung, einen Pinselstrich ordentlich neben den andern setzend. Seine „Gemälde" bestehen aus schönen, sauberen, farbigen Flächen ohne jeden gedanklichen Inhalt. Mit feinem Farbgefühl läßt er sie so aus dem Wässrigen der Farbe entstehen. Er faßt und lernt langsam, behält das einmal Begriffene aber ausgezeichnet, besonders wenn das, was er lernen muß, rhythmische Form hat und geleiert, fast gesungen werden kann. Zu schnellen Überlegungen und geistesgegenwärtigen Antworten ist er allerdings nicht fähig. So besteht die Gefahr, daß sein Schulweg in den oberen Klassen, wo es mehr auf Wachheit und intellektuelle logische Fähigkeiten als auf treues Gedächtnis und übendes Sich-Aneignen des Unterrichtsstoffes ankommt, dornenvoll werden wird, da er, wenn er bemerkt, daß er nicht mehr Schritt halten kann, ganz in sich zusammensinkt und sich den organischen Prozessen seines Leibes überläßt. Dann würde das geistige Leben diese Prozesse nicht mehr genügend erfassen und durchdringen und dies könnte im schlimmsten Falle sogar zu einer gewissen Idiotie führen.

Die Grundlagen des phlegmatischen Temperamentes

Wie der Sanguiniker leicht mit dem Rhythmus des Atmens schwingt, der Melancholiker unter der Erdenschwere leidet, der Choleriker vom Feuer seines Blutes erwärmt und gepreßt wird, so wird der kleine Phlegmatiker gewissermaßen überschwemmt von den Säften, die seinen Organismus ernähren und beleben. Diesem wässrigen Elemente ist er ganz hingegeben. Ihm schafft der Vorgang des Verdauens halbbewußtes Behagen. Er gleicht am

meisten einer Kuh, die auf der Wiese liegt, friedlich wieder-
käut und den Vorgängen der Ernährung und Milchbildung
lebt. Es sind gewaltige, erhabene Vorgänge, die den Menschen aus dem Wässrigen aufbauen und gestalten. Und
könnte der kleine Phlegmatiker sich bewußt machen, was
er erlebt, während er im halbschlafenden Zustande sein
Frühstück verdaut und die Seligkeit des Prozesses empfindet, so würde er sich großartiger kosmischer Wirkungs-
kräfte bewußt werden. Kein Mensch ist der Natur unbewußt so nahe wie das träumende, phlegmatische Kind.
Und alles geht bei ihm gesund vonstatten, was auf den
vegetativen Funktionen seines Leibeslebens beruht. Daher
sein gutes Gedächtnis, seine Fähigkeit zu allem, was durch
wiederholtes treues Üben gelernt werden kann, sein Können im Musikalischen und Malerischen, das nicht aus dem
bewußten Wollen seiner Individualität entspringt, sondern die Fortsetzung seiner leiblich-schöpferischen Kräfte
nach außen hin ist.

Behandlung des phlegmatischen Temperamentes

Man begegnet oft einem Vorurteil gegen das phlegmatische Temperament. Eltern sind sogar beleidigt, wenn
ihnen Arzt oder Lehrer sagen, ihr Kind sei phlegmatisch.
Doch das i s t ein Vorurteil! Wie bei jeder Temperamentsveranlagung ist es auch hier nur die Einseitigkeit, die zu
Gefahren führen kann und ausgeglichen werden muß. Das
melancholische Kind wird gern als Wunderkind betrachtet und geschätzt, aber seine Neigung zu Schwermut, seine
Selbstsucht und Befangenheit sind mindestens ebenso sehr

zu beanstanden wie die Gleichgültigkeit, Schläfrigkeit und Verfressenheit des phlegmatischen Kindes. Und auf der anderen Seite kann das ausgeglichene phlegmatische Temperament zur Grundlage der schönsten menschlichen Eigenschaften werden. Menschen, die die Einseitigkeiten ihres Phlegmas überwunden haben, oder bei denen eine vernünftige Erziehung sie gemildert hat, sind besonders treu, zuverlässig, ausdauernd, wahrhaftig, ordnungsliebend, gewissenhaft, in gelassenem Gleichmut den Stürmen des Lebens gewachsen.

Nun kommt es bei Kindern dieser Temperamentsveranlagung vor allem darauf an, daß man sie körperlich verständig erzieht und ihre Freude am leiblichen Behagen auf das berechtigte Maß zurückführt. Es ist z. B. nicht gut, solche Kinder einfach unbeschränkt ihrer Schlafsucht frönen zu lassen. Kinder können auch zu viel schlafen. Es kann unter Umständen richtig sein, das phlegmatische Kind nicht zu früh ins Bett zu schicken, es mittags nicht zu lange oder gar nicht schlafen zu lassen und es morgens aufzuwecken, statt abzuwarten, bis es von selbst aufwacht. Man sollte ihm nicht gestatten, nachdem es aufgewacht ist, sich aus reiner Genußsucht noch lange in den warmen Federn halb schlafend und dösend zu räkeln. Ihm wird es gut tun, wenn man es nicht zu warm zudeckt und kleidet und es morgens kühl abwäscht, was beim melancholischen Kind zu vermeiden ist. Das phlegmatische Kind kann kleine Schocks gut vertragen, mit denen man im übrigen ja n i e als Erziehungsmittel arbeiten sollte. Es morgens aufwecken, ihm den Kopf mit frischem Wasser waschen, ihm nicht erlauben, daß es beliebig lange frühstückt und sich schon vor der

Schule mit Kakao, Brei, Brötchen und womöglich Eiern vollstopft! Es wird dann nämlich statt zu lernen behaglich verdauen und gar nicht geneigt sein, sich in diesem Vergnügen durch eine geistige Betätigung stören zu lassen. Es sollte möglichst wenig und nur ganz leichte Sachen vor der Schule essen, es wird bestimmt dabei nicht verhungern. Obst, Gemüse und Salate sind für es die rechte Nahrung an Stelle des Breiigen und Mehligen. Schwarzbrot statt Weißbrot und Kuchen! Die Speisen gut gesalzen, nicht zu viel Süßigkeiten, besonders nicht Bonbons, die es stundenlang im Munde behält, um lutschend sein Leben zu genießen. Alles sollte man tun durch eine vernünftige Ernährung, um zu verhindern, daß das phlegmatische Kind seiner Neigung zum Fettbilden folgt. Man hat viel für seine geistige und seelische Entwicklung erreicht, wenn man es verhältnismäßig schlank erhält.

Der kleine Phlegmatiker sollte beim Spielen nicht ganz sich selbst überlassen bleiben, man sollte zeitweise mit ihm spielen, ihn etwas befeuern, das Tempo des Spielens beschleunigen und ihm Eindrücke aus der Umwelt verschaffen, die sein Seelenleben wecken und anregen. Sieht man, daß das Kind beim Spielen oder Schularbeiten-Machen vor sich hindöst, so schadet es ihm nichts, wenn man es laut anruft oder es sonst mit einem etwas starken Geräusch wieder aufweckt. Solche kleinen Schreckschüsse bringen es in sein Bewußtsein zurück und wecken es zu sich selber auf. In solchen Momenten des „Erwecktseins" ist dann der kleine Phlegmatiker besonders fähig, etwas zu verstehen, zu begreifen, bewußt zu erfassen. Bekannt ist die Erscheinung, daß man einem solchen schläfrigen Kinde immer wieder, lange Zeit hindurch, etwas mit der liebevollsten Geduld erklären kann. Es schaut einen an und sieht einen nicht, es hört einem zu und vernimmt nichts, es nickt mit dem Kopf und hat nichts begriffen, man fragt es, und es ist völlig ahnungslos. Man verliert endlich die lange mühsam bewahrte Geduld und schreit das Kind an oder schlägt mit der Faust auf den Tisch. Auf einmal werden die Augen hell, die richtige Antwort ist da, das Kind weiß Bescheid und hat alles tadellos begriffen. Es versteht sich von selbst, daß dies nicht eine Empfehlung zur Unbeherrschtheit des Erziehenden sein soll. Es sollte nur angedeutet werden, daß das phlegmatische Kind v e r l a n g t , ab und zu aufgeweckt zu werden, und daß gerade ihm dieser Prozeß, der ja auch absichtsvoll herbeigeführt werden kann, nichts schadet, der bei melancholischen, sanguinischen und auch cholerischen Kindern verheerend wirken könnte. Man kann ja in der Erziehung niemals allgemeine Rezepte geben. Es bleibt nichts anderes übrig, als den einzelnen Fall abzutasten und bei Kindern, die ja noch nicht aus dem eigenen Ich heraus sich selber leiten, sondern ihrer Veranlagung folgen, gerade nach den Temperamenten zu individualisieren.

Dem gleichgültigen, phlegmatischen Wesen wird der Erzieher seine Liebe und Anteilnahme niemals aufdringlich zeigen — es würde sie nur als etwas Selbstverständliches hinnehmen. Um so mehr wird er bei anscheinender äußerer Teilnahmslosigkeit innere Anteilnahme für das phlegmatische Kind aufbringen müssen. Das scheinbare Phlegma des Erwachsenen wird auf es so wirken, daß es zur Überwindung seiner Gleichgültigkeit angeregt wird.

Besonders wenn der Erwachsene liebenswert ist. Ungeheuer wichtig ist es ja, daß es lieben lernt. Die Liebe treibt es am sichersten aus seinem Organismus in sein Seelenleben hinein. Eine starke Zuneigung kann seinen Geist wecken, so daß er imstande ist, die Fettschicht zu durchdringen, das quallige Gemütsleben des Kindes zu ergreifen und durchzugestalten, ihm Form und Rückgrat zu geben. Das zur Seelenwärme erwachte phlegmatische Kind wird auf schöne Weise lieben, nicht sprunghaft wie das sanguinische, nicht schwärmerisch-ungesund wie zuweilen das melancholische, nicht heftig-aggressiv wie das cholerische, sondern mit gleichmäßiger stetiger Treue und Anhänglichkeit. Es wird sich dann auch für die Interessen des geliebten Erwachsenen öffnen. Und wieviel ist damit gewonnen! Es muß ja lernen, sich von der Außenwelt anregen zu lassen, aus den eigenen Organprozessen hinaus und in die Umwelt hineinzugehen. Das geschieht auf eine dem kindlichen Alter angemessene Weise, wenn es aus Anhänglichkeit an den Erzieher erfolgt. Allmählich kann sich dann der Umkreis des Kindes erweitern, die bewußten Seelenfähigkeiten können ansetzen und zu wirken beginnen, und statt Stumpfheit und Gleichgültigkeit kann sich ein treues Beobachten und ruhiges, gründliches Verarbeiten der Umwelt entwickeln, das später zu den schönsten Lebensfrüchten reifen kann.

Bei phlegmatischen Kindern ist es leicht möglich, daß sie im jugendlichen Alter künstlerische Fertigkeiten zeigen, die sie nicht selbst bewußt hervorbringen, sondern die ihr Organismus erzeugt, und die sie später verlieren, wenn das Bewußtsein erwacht und sich die organisch-schöpferischen Kräfte etwas zurückziehen. Über diese Klippe können sie hinweggebracht werden, wenn man immer wieder versucht, ihr traumhaftes Schaffen mit Bewußtsein zu durchdringen, ihnen z. B. nicht erlaubt, nur im Hinschmieren von Farben oder im Hervorbringen von Tönen träumerisch zu schwelgen, sondern ihnen kleine bewußtseinsweckende Aufgaben stellt, so daß sie gezwungen sind, nachzudenken und bewußter zu gestalten. Gelingt es, ihre künstlerischen Fähigkeiten allmählich immer stärker mit Bewußtsein zu durchdringen, so hat man diese auch für das spätere Leben gerettet. Sie können dann ein Quell des Interesses bleiben. Und nicht nur beim phlegmatischen Kinde, auch beim erwachsenen Phlegmatiker ist es das A und O der Erziehung und Selbsterziehung, Interesse zu wecken und zu pflegen und über die verschiedensten Lebensgebiete zu verbreiten. Der Überschuß an Phlegma darf sich bei all den zahlreichen Gelegenheiten abstumpfen, an denen der Mensch im heutigen Leben mit Recht phlegmatisch vorübergehen kann.

Vertiefung der Temperaments-Erkenntnis beim Lehrer

Unendlich kompliziert ist das Menschenwesen. In seinem gegenwärtigen Sein berühren sich Vergangenheit und Zukunft. Der Strom der Vergangenheit offenbart sich in allem, was an ihm Gewordenes ist, was Form und feste Gestaltung angenommen hat, was als Gegebenheit erscheint. Der Strom der Zukunft wirkt voraus in alledem, was im Werden ist, was sich wandelt, was noch keimhaft verborgen ist und sich der Beobachtung der Mitmenschen, ja oft dem eigenen Blick entzieht. Das Temperament ist zunächst ein Gegebenes. Es ist die Gestalt, die das seelische Leben auf Grundlage des Leibeslebens angenommen hat. Rundlich und nicht durchgestaltet erscheint der Leib des Phlegmatikers, ungeformt auch sein Seelenleben. Breit und hart ist die niedrige Stirn des Cholerikers, entschieden und zielgerichtet sein Wille. Die blasse, hohe Stirn des Melancholikers, seine schlanke leicht geneigte Gestalt, der schleppende Schritt, sie sind äußere Offenbarungen der Schwermut seines Innenlebens, so wie die leichte wohlgebaute Gestalt, der beflügelte Schritt des Sanguinikers zusammengehören mit seinem frohen, nirgends haftenden Wesen. Erkennt man, wie da eine bestimmte Seelenrichtung vorwaltet, wie der Mensch aus seiner vorgeburtlichen Vergangenheit heraus sich in einen bestimmten Vererbungsstrom, in eine bestimmte Lebensform gebracht hat, um von ihr aus seine Erfahrungen zu machen, so wird man mit Verständnis erziehen können. Und auf dieses Verständnis kommt doch alles an. Nur macht es uns das Leben nicht immer so einfach, daß wir jedes Kind einem der vier Temperamente zuordnen, es in einen bestimmten Typus einschachteln können. Das ist auch nicht der Sinn der Temperamentsbetrachtung. Sie soll vielmehr den Erzieher anregen, sich immer wieder von neuem innerlich mit den ihm anvertrauten Kindern zu beschäftigen, immer wieder von neuem den Gestaltungskräften nachzuspüren, die dieses oder jenes Kind gebildet haben. Immer wieder soll er um das Kindeswesen gewissermaßen herumschreiten, es von den verschiedensten Seiten betrachten, nicht müde werden, sich in seine ihm eigentümlichen Bildungsgesetze zu vertiefen.

Man möchte gerne allen denen, die werdende Menschen zu pflegen und zu bilden haben, den Rat geben, sich abends vor dem Einschlafen das Bild des ihnen anvertrauten Geschöpfes vor die Seele zu stellen in allen kleinen Einzelheiten, wie es geht, sich bewegt, die Hände hebt, lacht, weint usw. usw., sich ganz in dieses Bild zu vertiefen, nicht es zergrübelnd und sich selbst zersorgend, sondern es a n - s c h a u e n d und so hinnehmend, wie es wirklich ist — nicht wie man es haben möchte. Dann wird mit der Zeit dieses Kindesbild in der Seele des Erziehers selber aussprechen, wie es werden möchte. Der Genius des Kindes, sein höheres Selbst, wird erst leise, dann deutlicher sagen, wie es gebildet, erzogen werden möchte, damit die in ihm liegenden Keime sich entfalten und das Beste aus ihm werden könne, was in ihm selber, nicht in den Vorstellungen des Erziehers veranlagt liegt. Wunderbar können die Ergebnisse einer solchen Innenschau der Seele am Zögling sich zeigen, wenn man sie wirklich durchführt und immer wiederholt. Selbst die schwierigsten Kinder wandeln sich durch ein solches verborgenes seelisches Tun ihrer Erzieher. Heilend wirkt es auf das Kind, wenn sein wahres Wesen so bewußt in der Seele der Erzieher lebt und waltet.

Und heilend ist es, wenn zwei oder mehrere Menschen, die um ein Kind oder mehrere Kinder bemüht sind, sich von Zeit zu Zeit miteinander beraten und verständigen aus solchen Tiefen der Erkenntnis heraus. Erst dadurch wird vielleicht das vollständige Bild des Kindes entstehen, das ja zu Vater und Mutter, zu den übrigen Erziehern schicksalsgemäß ein ganz verschieden geartetes Verhältnis haben kann. Was sich dem einen verbirgt, enthüllt sich dem andern, und je bewußter und farbiger das Bild des Kindes sich allmählich gestaltet, um so stärker kann es auf das Kind selber zurückwirken. Immer wieder hat die Erfahrung, oft überraschend, folgendes gezeigt: Erwies sich ein Kind in irgend einer Klasse in einer bestimmten Zeit als außerordentlich schwierig, wies es scheinbar jede erzieherische Einwirkung zurück, setzten sich alle Lehrer, die mit ihm zu tun hatten, zusammen, begleiteten auch die übrigen Lehrer, die mit ihm unmittelbar nichts zu tun hatten, ihre Bemühungen um ein wahres Bild des Kindes mit ihrer Anteilnahme, entstand dann im tiefschürfenden, vielseitigen Gespräch ein solches echtes Wesensbild des Kindes, so konnte man fast mit Sicherheit darauf rechnen, daß es sich schon in den nächsten Tagen bessern würde. Allein die Tatsache einer solchen g e m e i n s a m e n Besprechung erwies sich als heilend. Kamen dann noch die erzieherischen Maßnahmen hinzu, die sich aus der Erkenntnis des Falles als notwendig ergeben hatten, so konnten oft die schönsten Erfolge sich einstellen. Ein Nachlassen der inneren Anteilnahme und der intensiven Beschäftigung mit dem Kinde konnte das erzieherisch Erreichte allerdings dann wieder gefährden. Diese innere Anteilnahme wird nicht analysierend-intellektuell sein dürfen, sondern aus der gebetartigen Stimmung hervorgehen, aus der heraus auch Kunstwerke geschaffen werden.

Einer solchen vertieften Kindeserkenntnis ergibt sich dann aber auch die Kompliziertheit der Temperamentsveranlagung. Selten ist ein Temperament in völliger Reinheit vorhanden wie bei den geschilderten vier Kindern. In den meisten Fällen hat man es mit Temperamentsmischun-

gen zu tun. Auch ist es ja so, daß das eigentlich k i n d -
l i c h e Temperament das sanguinische ist, und daß diese
Sanguinik auch durch die anderen Temperamente durch-
scheint und sie färbt. Selbst das melancholische Kind kann
zeitweise — wenn auch selten — harmlos wie ein kleiner
Sanguiniker spielen. Sanguinisch-cholerisch, sanguinisch-
phlegmatisch sind aber viele Kinder. Besonders die letztere
Temperamentsmischung ist häufig. Dabei kann die Sanguinik das Phlegma überwiegen, es kann aber auch umgekehrt
sein. Die kindliche Sanguinik leichtert — wenn man den
Ausdruck gebrauchen darf — die anderen Temperamente
auf und macht sie ansprechender, natürlicher, einfacher zu
behandeln. Tritt dagegen melancholische Veranlagung zu
cholerischer und phlegmatischer hinzu, dann gibt es äußerst
schwierige Eigenschaften, unter denen die Kinder selbst
und die Erzieher schwer zu leiden haben.

Ali, ein kleiner Türke, erwies sich im Unterricht als
melancholisch-phlegmatisch. Finster und teilnahmslos brü-
tete er an seinem Platze, war nicht zu irgend einem Interesse oder Mittun zu bewegen. Seine Lehrerin wollte fast
an ihm verzweifeln. Da machte sie einmal einen Wald-
spaziergang mit der Klasse. Und siehe da — Ali war ein
völlig verwandeltes Wesen. Eine Art von finsterer Cholerik
brach aus ihm heraus. Mit rasendem Toben sprang er die
Mitschüler an, kletterte wie ein Affe auf hohe Tannen,
wiegte sich oben mit grellem Geschrei und zeigte — allerdings kein beobachtendes Interesse für die Naturerscheinungen, aber die Verbundenheit eines kleinen wilden Tieres
mit ihnen. Immerhin war es eine Erleichterung, irgend eine
Art von Lebendigkeit in dem sonst still brütenden kleinen

Orientalen zu entdecken, an die dann auch in der Erziehung angeknüpft werden konnte.

Gerade phlegmatische Kinder können den Menschenkenner leicht täuschen. Sie e r s c h e i n e n nur phlegmatisch, weil der Unterricht oder sonstige Belehrungen sie nicht i n n e r l i c h interessieren. Darum bleiben sie lange unbeteiligt. Tritt aber irgend etwas ein, womit sie sich von innen heraus verbinden können, ein Spiel, eine Klassenaufführung mit einer Rolle, die ihnen liegt, so verwandeln sie sich in lebhafte freudige Wesen, die genau wissen, was sie wollen und das Gewollte auch ausführen können. Diese merkwürdigen scheinbaren Phlegmatiker sind „schlafende Choleriker". Bei ihnen brütet dumpf der unbeteiligte Wille, solange er sich nicht eigene Ziele setzen kann. Dadurch scheint er überhaupt nicht vorhanden zu sein. Findet er aber ganz aus sich selbst heraus erstrebenswerte Ziele, tritt er auf einmal in Tätigkeit wie ein Vulkan, der lange geruht hat und auf einmal ausbricht. Auch melancholische Kinder gibt es, die lange schweigend dulden, sich von den Kameraden quälen und necken lassen, immer stiller und schwermütiger werden — bis auch sie eines Tages furchtbar ausbrechen und eine unerwartete Cholerik aus ihnen hervorzuckt.

Andererseits kann ein fröhlicher, flattriger Sanguiniker auf einmal still und teilnahmslos, ja fast schwermütig werden. Das wird selten innere, in seiner Veranlagung liegende Ursachen haben, sondern man wird finden, daß äußere Schwierigkeiten in sein Leben getreten sind: Uneinigkeit oder unfriedliche Trennung der Eltern, die überhaupt geeignet sind, jede kindliche Unbekümmertheit in verbitterte Schwermut zu verwandeln — oder auch irgend eine Krankheit, die im Anzug ist und das Kind ergreifen will. Nimmt man ein scheinbar melancholisches Kind aus den häuslichen Verhältnissen heraus, die unter Streit oder schwerer Sorge der Eltern leiden, so blüht das Kind in kurzer Zeit auf und wird zum heitersten Sanguiniker. Das ist auch der Fall, wenn es gelingt, das scheinbar melancholische Kind körperlich gesund zu machen, ihm etwa eine Erholungszeit auf dem Lande zu verschaffen.

So wird man selten beim äußeren Bilde stehen bleiben, das einem das Kind unmittelbar darbietet, man wird tiefer dringen müssen, um zu seinem wahren Wesen zu kommen — tiefer in sein verborgenes Seelen- und Leibesleben, tiefer auch in die äußeren Verhältnisse, in denen das Kind zu leben genötigt ist. Und auch dies ist nicht im Sinne einer Analyse gemeint, sondern in dem oben geschilderten Sinne der Wesensgestaltung des Kindes in der eigenen Seele, in deren Tiefen der Mensch sich verbunden weiß mit wirkenden göttlichen Kräften.

Das erwachende Seelenleben des Kindes

Der unsichtbare Künstler, der im Aufbau des Leibes und in der Formung seiner Organe wirkt, schafft in der noch weichen Substanz des kindlichen Körpers. Er erfaßt das strömende Leben und gibt ihm Gestalt. Mit der fortschreitenden Entwicklung aber beginnen Verfestigungsprozesse zu wirken. Geborenwerden ist nicht nur ein Sterben für den Himmel, wie Novalis es ausdrückt, — jede Geburt hier, ein Tod „drüben" — sondern auch der Beginn des irdischen Sterbens. Tod ist ja nicht ein einmaliges Ereignis am Ende des Lebens, sondern ein Prozeß, der den Menschen durch das ganze Leben begleitet und seinen Abschluß dann findet, wenn die Seele den Leib endgültig verläßt.

Und so beobachten wir, wie gleichsam Materie sich aus dem Lebensstrom aussondert und erstarrt, so wie der Ton erstarrt, an dem der Bildhauer plastiziert hat. Weiche, knorplige Substanz wird knochig; haben die Knochen den genügenden Härtegrad erreicht, dann kann das Kind sich aufrichten und gehen. Die Schädelknochen schließen sich, auch sie werden hart. Das Skelett, indem es zur aufrechten Haltung befähigt, wird Stütze und Halt des eigentlichen Menschseins auf Erden. Die ersten Zähnchen erscheinen, kleine plastische Kunstwerke, nicht so hart und so ausplastiziert, wie die zweiten Zähne sein werden, immerhin fest genug zum Beißen und Kauen. Überall wirkt Gestaltung und Verfestigung.

Und es kann zu einer tiefen Überzeugung werden, daß man im kindlichen Werden einen göttlichen Künstler zu verehren hat, mit dessen Wirken dasjenige in Übereinstimmung sein sollte, was in der Umgebung des Kindes geschieht. In dem Maße der Verfestigung der Knochen, in dem Maße, wie Form veranlagt ist und nun den Wachstumskräften überlassen bleibt, ziehen sich die bildenden Kräfte von der Leibesgestaltung zurück. Sie kommen zu relativen Abschlüssen ihres Wirkens. Aber damit verschwinden sie nicht aus der Welt, sie verwandeln sich und betätigen sich nun in dem erwachenden Seelenleben des Kindes, das sich aus dem Leibesleben entfaltet. Die körperlichen Bildekräfte projizieren sich hinein in das Spiel des Kindes.

Spielen und Spielzeug

Vielfach läß sich in der Natur beobachten, wie sich die Bildekräfte über den räumlichen Organismus, an dem sie wirken, hinaus in die Außenwelt fortsetzen. So baut die Biene ihre Wabe nach denselben Formgesetzen, die auch an ihrem Leibe wirken, und wir finden z. B. die sechseckigen Plättchen, die das Auge zusammensetzen, in der sechseckigen Grundform der Wabe wieder. Der Vogel baut sich sein Nest, der Biber seinen Bau aus denselben instinktiven Schöpferkräften heraus, die auch ihre Leiber gestaltet haben. Die Natur fordert ja immer wieder dazu auf, den Reichtum ihrer Formgebung anzustaunen und zu verfolgen, wie diese Formen am lebenden Organismus und allem zu ihm Gehörigen von einer Schöpferkraft hervorgebracht werden, die sich im gewaltigsten Tierleib ebenso zu äußern vermag wie im zierlichsten Blattgebilde.

Betrachten wir das Kind beim Spielen. Zunächst ist Spiel Bewegung und Kraftäußerung, welche die im Körper waltende D y n a m i k des Schaffens sich auch nach außen betätigen lassen. Das Kind strampelt mit den Beinchen und sieht dem Strampeln zu. Es bewegt die Händchen und folgt der Bewegung mit den Augen. Es schüttelt die Klapper und schleudert sie aus dem Wagen heraus. Alles aus dem Bettchen zu schleudern, was ihm zur Verfügung steht, ist allergrößtes Vergnügen, Freude an der eigenen Kraftentfaltung. Kaum kann es gehen und die Arme und Hände frei bewegen, ist es nur zu bereit, sich in jeder Weise zu betätigen. Ja, das Gehen selber ist schon Spiel. Mit welchem Behagen, welcher Selbstbewußtheit stampft so ein kleiner

Kerl, der sich die Aufrichtekraft und freie Beweglichkeit der Glieder errungen hat, durch das Zimmer (wenn er keinen andern „Auslauf" hat: Gartenwege, eine Zimmerflucht, einen langen Gang; am wenigsten eignen sich die Straßen der Großstadt zu diesem Spiel). Glücklich die Kinder, die niemand daran hindert, sich auf ihre Weise in die Handhabung ihrer Gliedmaßen hineinzuarbeiten. Ihr gesunder Instinkt (falls er nicht von den Erwachsenen verdorben worden ist, z. B. durch Anwendung der sogenannten Säuglingsgymnastik) weiß am sichersten, welche Bewegungen auszuführen sind, um sich Geschicklichkeit und gesundes Kraftgefühl zu erwerben. Jede Bewegung setzt sich ja in das Innere des Organismus fort und wirkt in seine Prozesse gestaltend hinein. Das Geständnis, daß wir von diesen schöpferischen Vorgängen sehr wenig wissen und daher auch möglichst wenig in sie eingreifen sollten, brauchte niemandem schwer zu fallen, und kein Erzieher sollte sich ihm entziehen.

Unendlich mannigfaltig sind die Bewegungen, die die Kinder ausführen, und nichts ist interessanter, als sie unauffällig dabei zu beobachten. Da wird gestampft und mit den festen Schuhen ein ohrenbetäubender Lärm erzeugt (hätten doch die Erwachsenen keine Nerven, wieviel gesünder würden die Kinder aufwachsen!), auf den Zehen getrippelt, fast geflogen. Da rast man todesmutig auf ein Ziel zu und stürzt sich auf das Sofa, in den Sessel, in die rettenden Arme eines Erwachsenen. Man springt mit geschlossenen Füßen, man hopst, tanzt, kriecht, schleicht, und immer helfen Arme, Hände und Finger mit. Die Hände klatschen rhythmisch, die Arme schwingen als Flügel, sie flattern und schweben, sie helfen das Gleichgewicht halten, wenn man lernt, auf einer Ritze zu gehen oder auf einem gefällten Baumstamm, einem Balken zu laufen. Die Finger haben ihre eigenen Bewegungsspiele, die immer von neuem geübt werden. Auch das Klettern gehört schon zu den am frühesten geübten Geschicklichkeiten, und dabei ist es günstig, wenn die Eltern von vornherein den Entschluß fassen, sich nicht zu ängstigen und es dem Schutzengel zu überlassen, den Wagemutigen bei seinen ersten Seiltänzerkunststücken zu behüten. Wer Kinder, die in dieser Beziehung ihrer Freiheit überlassen bleiben, länger beobachten konnte, der w e i ß , daß der Schutzengel keine Legende ist, sondern daß die Weisheit unserer Vorfahren, ihre hellsichtigen Augen eine trostreiche Wahrheit geschaut haben. Vor Tollkühnheit werden die Erzieher das Kind zwar bewahren, aber ohne durch fortwährendes Verbot seine Arme und Beine, seinen Körper, der geschmeidig und beweglich werden möchte, in Fesseln zu schlagen und damit auch seine s e e l i s c h e Entwicklung zu hemmen.

Zunächst ist das Bewegen der Glieder dem kleinen Kinde Spiel genug und Ausdruck fröhlicher Kraftentfaltung. Jedes Kind wird sich dabei seiner Veranlagung und seinem Temperamente nach verschieden verhalten. Hier ist von gesunden Kindern die Rede. Bei zarten, ängstlichen, bei körperlich schwer beweglichen oder behinderten Kindern wird man sich doch bemühen, Bewegung hervorzurufen, indem man mit ihnen spielt und — ohne sie zu ängstigen — versucht, sie durch ein Spiel zu veranlassen, z. B. von einem Bänkchen oder von einer Treppenstufe, einer Schwelle in die Arme des Erwachsenen zu springen.

Es gibt ja auch unzählige Verschen und Lieder, zu denen man die Beine, Füße und Zehen, die Hände, Arme und Finger spielend bewegen und das nachahmende Kind veranlassen kann, das Gleiche zu tun.

Bei kleinen Kindern spielt zunächst die Phantasie noch keine oder eine geringe Rolle bei ihrer Freude an der körperlichen Bewegung als Kraftentfaltung. Ein kleines Mädchen, sehr kräftig und von cholerischem Temperament, pflegte schon im zweiten Lebensjahre mit Begeisterung zu „zeichnen". Am Boden hockend, in einer Hand oder gar in beiden Buntstifte haltend, fuhr es mit aller Kraft auf dem Bogen Papier, der ihm hingelegt worden war, hin und her, entweder spiralig-schwingende Bewegungen gestaltend oder vertikal und horizontal auf- und abfahrend und zuletzt noch einen energischen Abschluß auftrumpfend. Das sogenannte „Kritzelstadium" des Kindes ist Ausdruck der Dynamik seines Wesens, das noch verschmäht, der reinen Freude am Schaffen einen intellektuellen Inhalt unterzuschieben. Man sollte es auch nicht zu früh dazu veranlassen zu sagen, was das „bedeutet", was es tut. Man könnte sonst vielleicht die Antwort hören, die Marie von Ebner-Eschenbach bekam, als sie Kinder, die durch den Wald gingen und sangen, fragte, was ihr Lied denn bedeuten solle. Sie sangen nämlich unverdrossen ein selbstgemachtes Lied, fingen immer wieder von Anfang an, sobald sie damit fertig geworden waren:

> Zirlipinzigen,
> Die kleinwinzigen,
> Zitteraalig netten,
> Wenn wir sie nur hätten!

Mit den Vögeln fliegen sie,
Auf den Wolken liegen sie,
Schwimmen mit den Fischen;
Wer wird sie erwischen?

Die Schriftstellerin fragte sie: „Was singt ihr da? Was soll denn das heißen?" Sie sahen sie an und lachten sie offenbar aus. Ein Knabe sprach mit Überlegenheit: „Was braucht es denn zu heißen?"

Erst allmählich wird das kindliche Spiel von Vorstellungen durchdrungen. Zuerst wird getrampelt aus reiner Freude am Trampeln, dann wird das Trampeln rhythmischer, der Junge „marschiert", er ist „Soldat", und zur Freude am kräftigen Aufstampfen kommt noch die Seligkeit über die Rolle hinzu. Zunächst ist das Schaukelpferd nicht als Pferd wichtig, erlebt wird mit schauderndem Behagen das rhythmische Auf- und Abschwingen, das so tief befriedigt wie das gesunde Schwingen des Atems, wenn auch diese Befriedigung unterbewußt ist und nur als Wohlbehagen erlebt wird. Erst später kommt die erhebende Vorstellung dazu, ein kühner Reiter zu sein. Zunächst ist der „Bär" nicht Gegenstand von Phantasie-Vorstellungen, er ist da, um geschwenkt, geschleudert, geknutscht zu werden. Daß er ein „Tier" ist, daß man z. B. als Jäger dieses Tier „erschießen" kann usw., solche Vorstellungen entstehen erst später. Das kleine Kind baut seine Klötze auf, um sie wieder umwerfen zu können, das ist ihm zunächst wichtiger, als ein Haus oder einen Turm zu bauen. Es erlebt den „Aufbau" und „Abbau" seiner Baukastenspiele mit derselben Befriedigung, die es unterbewußt als Behagen erlebt, wenn die Aufbau- und Abbauprozesse seines Organismus sich gesund vollziehen. Die ersten Spiele des Kindes sind leibgebunden und stehen in inniger Wechselwirkung mit den Tätigkeiten des Organismus, mit dem schwingenden Atem, mit dem rhythmisch kreisenden Blute, mit den sich bewegenden Säften, mit dem Bilden und Ausscheiden der Stoffe. Es ist daher nicht nur lustig für ein kleines Kind, bewegliches Spielzeug zu haben, sondern es ist auch gesundend. Wer je mit einem kleinen Kinde ein Bilderbuch angesehen hat, der weiß auch, daß es ihm aufs Umblättern mehr oder mindestens ebensoviel ankommt wie auf die Betrachtung der Bilder. Darum wären auch bewegliche Bilderbücher, Ziehbilderbücher, das einzig Richtige und Heilsame für das kleine Kind. Da verwandeln sich die Bilder dadurch, daß das Kind selbst etwas dazu tut, indem es an einem Pappstreifen oder einer Schnur zieht. Solche Bilderbücher sind, da sie sich fabrikmäßig schwer herstellen lassen, von der Bildfläche fast verschwunden, ältere Leute haben sich als Kinder noch an ihnen freuen können.*

Der Zeitpunkt, an dem das Kind beginnt, seine Bewegungen nicht nur als Kraftäußerung, sondern als zweckmäßige Tätigkeiten innerhalb seiner Phantasiespiele zu erleben, ist wohl für jedes Kind verschieden. Er wird aber mit dem dritten Lebensjahre, deutlich wahrnehmbar für den Erzieher, erreicht sein.

Das Kind ahmt im Spiel die Bewegungen der Erwachsenen und ihre Tätigkeiten nach. Aber diese Nachahmung ist künstlerisch-phantasievoll. Sie ist beim gesunden, nor-

---

* In neuerer Zeit sind solche beweglichen Bilderbücher auf Anregung der Waldorf-Spielzeug und Verlag GmbH. in Stuttgart erstmalig von Hilde Langen hergestellt worden.

malen Kinde niemals sklavisch, sondern gibt dem Kinde gerade die seiner Altersstufe angemessene Freiheit.

Das Kind hat keine Nützlichkeitszwecke beim Spielen, sondern es ist, wenn das Spielen nicht mehr nur reine Kraftäußerung ist, erfüllt von den Zielen, die aus seiner Phantasie entspringen. Es hat ja allmählich viele Vorstellungen in sich aufgenommen in seinem Zusammenleben mit den Erwachsenen, von denen es die Sprache nachahmend lernt und mit den Worten die Vorstellungen für seine Wahrnehmungen. Es spielt mit diesen Vorstellungen, schaltet und waltet unter ihnen als unbeschränkter kleiner Herrscher im Reiche der Phantasie.

In den Träumen waltet dieselbe Kraft, die Vorstellungen miteinander verbindet, welche nach den Gesetzen der Logik nicht zusammengehören und der Wirklichkeit des Alltags widersprechen. Kinder können oft nicht unterscheiden, ob sie etwas geträumt oder wirklich erlebt oder sich nur „ausgedacht" haben. So ist das Spiel des Kindes oft ein lebhaftes, waches Träumen.

Das kleine Mädchen, das spielte — es war in der Weihnachtszeit —, daß Maria, Joseph, das Christkind, Engel und Hirten zu ihm zu Besuch kamen, sah vor sich auch nur das Puppentischchen, hübsch gedeckt mit Puppengeschirr, die leeren Puppenstühlchen, trotzdem zweifelte es keinen Augenblick an der Gegenwart der heiligen Familie, die es bediente, mit der es ehrfurchtsvoll flüsternd sich unterhielt, und es legte erschrocken den Finger auf den Mund, als jemand geräuschvoll zur Tür hereinkam. Für dasselbe kleine Mädchen verwandelte sich das Sofa in der Wohnstube in einen Grabhügel — man hatte es einmal zu einer Beerdigung auf den Kirchhof mitgenommen. Alle Blumentöpfe vom Fenster, die es mühsam herbeischleppte, schmückten das „Grab", das es unbefangen mit der Gießkanne begoß.

Jeder kennt zwar die Phantasie des Kindes, das die Fußbank in ein Auto, ein Stück Holz in ein Püppchen verwandelt usw. Jede Kindheitsbiographie, die eignen Erinnerungen und Beobachtungen berichten ja davon. Aber die Erzieher fragen sich nicht immer, was das für Kräfte sind, die da wirken, wie sie sie zu pflegen haben, wozu sie sich entfalten und wohinein sie sich verwandeln. Sie erkennen nicht immer ihren Ursprung in den leibgestaltenden Bildekräften, die sich, soweit sie sich im Lauf der Entwicklung vom Leibe emanzipieren, in das bildhafte Vorstellungsleben des Kindes wandeln. Sie durchschauen nicht immer den eigenartigen Zusammenhang von Leib und Seele im kindlichen Wesen.

*

Kinder sind in der N a t u r nicht zu Gaste und nicht Zuschauer. Tolstoi, der sich an seine früheste Kindheit zurückerinnert, kann sich nur an die Kinderstube und ihre Erlebnisse erinnern, nicht an die Sonne, den Garten, die Blumen, trotzdem er auf dem Lande aufwuchs: „Die Natur war bis zu meinem fünften Jahre für mich nicht vorhanden. Alles, was mir im Gedächtnis geblieben ist, spielt im Bettchen, im Zimmer. Weder Gras, noch Blätter, noch Himmel, noch Sonne existierten für mich. Es ist nicht möglich, daß man keine Blumen und Blätter zum Spielen gegeben hätte, daß ich kein Gras gesehen hätte, daß man mich nicht vor der Sonne geschützt hätte, aber bis zum

fünften oder sechsten Jahre habe ich nicht ein Erinnerungs-
bild dessen, was wir Natur nennen. Man muß wohl von
ihr getrennt sein, um sie zu sehen, i c h a b e r w a r
s e l b s t N a t u r."

Ein Kind betrachtet nicht gern „schöne Aussichten". Ein
Baum ist für ein Kind nicht zum Bewundern da, sondern
um hinauf zu klettern, Ast um Ast bis in den Wipfel, wo
dann der wagehalsige Kletterer, an den Stamm gelehnt und
sich sachte schaukelnd, wohl in ein Träumen versinkt, das
ihn dann lange da oben festhalten kann. Im Walde ist
man am besten t ä t i g . Zweige und Äste werden heran-
geschleppt, in den Boden gerammt, mit großen Moos- und
Rasenstücken bedeckt. Im Schweiße des Angesichtes wird die
Mooshütte fertiggestellt. Da drinnen im kühlen Dunkel
kann selbst der Wildeste dann lange still sitzen und sinnen.
Im Herbste werden die Kastanien von den Bäumen geschlagen, sie vermitteln aber noch andere Erlebnisse als nur Spielen, Schleudern, Schnitzeln. Die braune, glatte, glänzende
Schale der Kastanie, die herbe Bitterkeit des Kerns, wenn
man hineinbeißt, — was man daran erlebt, durch viele verschiedene Sinne in sich einsaugt, das kann man nicht aussprechen als Kind, sich nicht einmal selbst bewußt machen.
Man hat auch keine Neigung, zu beschreiben und in Vorstellungen festzulegen, was man so wahrnimmt. Dagegen
fühlt man dumpf, wie die Wahrnehmungen, die einem die
Sinne schenken, im Innern ein leises Träumen bewirken, das
am Seelenleben webt und es allmählich durch die selige
Wärme des sympathischen Fühlens oder die beißende Kälte
der Abneigung weckt. Immer ist da das zarte oder heftige
Empfinden, das fühlende Wollen, das sich nach innen kehrt

und schöpferisch am Bewußtsein baut. Was Kinder empfinden, ist nicht ein passives, mehr oder weniger bedeutungsloses Fühlen, sondern eine tätige Kraft, die das, was durch die Sinne vom Kind aufgenommen wird, zu jenen Bildekräften hinzufügt, die den Leib gestalten. Es ist daher in keiner Weise gleichgültig, was ein Kind wahrnimmt und was — bis in die Seelenregungen und die Willensimpulse der Erwachsenen hinein — in seiner Umgebung vor sich geht. Alles ist einbezogen in jene schöpferischen Kräfte, die zum Heil oder Unheil der Zukunft des Kindes an seinem Leibe bauen.

Das Fühlen des Kindes ist wohl träumerisch dumpf, aber es ist umfassend. So wie wenn der Erwachsene in einer schönen Landschaft einmal ganz ausspannt, alle Gedanken ausschaltet und in dumpfem, aber intensivem Fühlen sich der Bläue des Himmels, dem Grün der Wiesen, dem Zirpen der Grillen, der Wärme des Lichtes hingibt. Dann fühlt er, wie sein Wesen sich in die Umgebung ausbreitet, wie die Bläue ihn einhüllt, das Licht ihn umwebt, wie er i n den Wesen, nicht außerhalb ihrer ist. Und er spürt die Erholung und Erfrischung, die ihm dadurch zuteil wird. Er erfährt die aufbauenden, belebenden Kräfte der Natur. In ihnen webt aber das kindliche Wesen. Was für den Erwachsenen Ausnahmezustand ist, das ist für es der ihm gemäße Lebenszustand. Es kümmert sich nicht so sehr um die scharfen Konturen des Geschaffenen und Gewordenen, es erlebt dumpf die Werdekräfte, die die Geschöpfe erst aus sich hervorgehen lassen. An einer Kirsche erlebt es die wunderbare Einheit des roten Leuchtens, der warmen Glätte, der herben Süße, der plastischen Rundung, des leicht harzigen

Duftes, alles dies zusammen und dann noch ein Unaussprechbares, Geheimnisvolles, das das Herz mit Seligkeit erfüllt wie eine Ahnung der göttlichen Schöpferkraft, die auch in diesem Geschöpfe wirkt und es aus der zarten weißen Blüte hervorgehen ließ.

Weil Kinder so empfinden, darum können sie mit allem spielen und besonders mit allem, was die Natur ihnen bietet. Sand, Steine, Samen, Früchte, Blumen, Blätter, Rinde, Holz, Moos, Wurzelknorren, was es auch sei, sprechen unmittelbar zu ihrem Gemüt und regen die Phantasie an. Die Bildkraft, die in den Geschöpfen der Natur wirkt, wird dann eins mit den am Kinde schaffenden Bildekräften.

✻

Das S p i e l z e u g ist entweder der Wohltäter oder der bittere Feind der kindlichen Leibes- und Seelenentwicklung. Es ist der Freund der Bildekräfte, wenn es einfach, primitiv und nicht zu reichhaltig ist. Wenn es also der Fähigkeit des Kindes, zu gestalten, umzugestalten und Unvollendetes in der Phantasie zu vollenden, jede Möglichkeit der Betätigung darbietet. Das Kind muß die sich vom Leibe emanzipierenden und in der Phantasie waltenden Bildekräfte entfalten können, sonst stauen sie sich, schlagen in den Organismus zurück, bedrängen und quälen das Kind. Das kann sich in Ungezogenheit, schlechter Laune und Kränklichkeit äußern, stört aber vor allen Dingen die gesunde Veranlagung für die Zukunft. Rudolf Steiner scheute nicht davor zurück, dieses Sich-Stauen der Phantasiekräfte im Kind ein „inneres Prügeln" zu nennen, das für das Kind ebenso qualvoll und für seine Zukunft noch viel schädlicher

sei als das äußere Prügeln, das doch schon schädlich genug
ist. Er pflegte dann das Beispiel der „vollendet schönen
Puppe" anzuführen, mit echten Haaren, Schlafaugen usw.,
zu der die Phantasie der Puppenmutter nichts mehr hinzufügen kann, während zum Beispiel ein aus einem Lappen
zusammengeknüpftes Püppchen, dem man Augen, Nase
und Mündchen mit Tintenklecksen ins Gesicht gezeichnet
hat, die innigste Liebe wecken kann, eben weil an diesem
Puppenkinde die Phantasie noch alles tun muß. Es ist eine
ketzerische Ansicht: aber jeder Sandhaufen, jeder Klumpen
Lehm, aus dem der Knabe Häuser, Brücken, Tore, Türme,
Tunnels usw. formen und auch wieder zerstören kann, ist
tausendmal besser, als der mechanische Baukasten mit seinen starren, geometrisch genau abgezirkelten Klötzen. Es
ist in einem Kindergarten einmal der Versuch gemacht worden: Die Kinder hatten eine Kiste mit Bauklötzen, eine
Kiste knetbaren Tons und selbstverständlich einen ergiebi-
gen Sandhaufen zu ihrer freien Verfügung. Sie griffen nie
nach den Bauklötzen. Ton und Sand gaben ihrer Schaffens-
freude viel mehr Möglichkeiten. Gewiß, sie machen sich
schmutzig; das tun sie auch, wenn sie mit breiten Pinseln
flüssige Wasserfarben auf große Bögen malen, aber der
Gesichtspunkt der Sauberkeit ist hier nicht so maßgebend
wie der der Pflege der Gestaltungskräfte. Kinder sollten,
wenn es die sozialen Verhältnisse irgend gestatten, einen
Winkel für sich haben, wo sie in alten Kleidern oder Schür-
zen ungestört malen, formen, hämmern, basteln und sich,
wenn ihre Tätigkeiten es mit sich bringen, tüchtig beschmie-
ren dürfen.

*

Spielen ist für die Entwicklung des Kindes so wichtig, daß die Erzieher nicht zulassen sollten, daß ein Kind wenig oder gar nicht spielt. Es gibt heute Kinder, die nicht a l l e i n spielen wollen oder können, andere beschäftigen sich stundenlang allein oder mit Kameraden mit e i n e m Spiel, wieder andere reißen alle Spielzeuge aus dem Spielschrank heraus und spielen alle fünf Minuten mit etwas anderem. Und noch andere können über ihrem Spielen gewissermaßen einschlafen, sie können träumerisch in einer Ecke sitzen, unter dem Tisch oder dem Sofa liegen, am Daumen oder am Schürzenzipfel lutschen oder an einer Strähne ihrer Haare kauen und dabei das Spielen vollständig vergessen.

Man wird ihnen helfen müssen, denn, wer Schillers tiefsinnigen Ausspruch, daß nur der spielende Mensch ganz Mensch sei, ernst nimmt (obwohl Schiller nicht an Kinder dabei gedacht hat, sondern das Wesen des freien, schöpferischen Menschen charakterisieren wollte), der weiß, daß „nicht richtig spielen können" bedeutet: „nicht richtig Mensch werden können".

Und wer richtig Mensch geworden ist, der hat auch das Spielen nicht verlernt. Aus der eigenen Begeisterung wird man mit dem Kinde, das nicht spielen kann, spielen und es dadurch anregen, bis es allein spielen gelernt hat. Man wird dem kleinen Sanguiniker helfen, etwas länger bei einem Spiel zu bleiben, indem man nicht gleich seinem Wunsch folgt, zu einem anderen Spiel überzugehen, sondern ihn länger bei e i n e m festhält. Man wird das langsame Spiel des Phlegmatikers etwas beschleunigen und ihn ab und zu aus seinen Träumen aufwecken. Man wird den kleinen Melancholiker auf zarte Weise manchmal aus seinem einsamen Phantasiespiel hervorlocken und ihm helfen, sich am Spiele anderer Kinder zu beteiligen, und den herrschsüchtigen kleinen Choleriker wird man dazu anregen, sich im Spiel ab und zu unterzuordnen. Gewiß ist es das Ideal, daß das Kind allein richtig spielen kann, aber wo dieses Ideal nicht erreicht ist, sollte man nicht fatalistisch das Kind sich selbst überlassen, sondern es m i t ihm zu verwirklichen suchen. Heute hat man manchmal den deprimierenden Anblick, daß der Vater mit Hingabe und Selbstvergessenheit spielt (etwa mit der Eisenbahn), und der kleine Sohn ihm wohlwollend, aber gelangweilt zusieht! Mit dem Kinde z u s a m m e n sollte sich die Spielfreude des Erziehers ausleben.

Auch im K i n d e r g a r t e n sollte immer wieder darauf geachtet werden, daß die Kinder einfach „spielen" und ihre Phantasie dabei entfalten können. Das ist wichtiger als jede Art von Unterricht und intellektueller Beschäftigung, wie sie in manchen Kindergärten geübt werden. Spielen, kindlich-künstlerisch sich betätigen (malen, modellieren, singen, tanzen, musizieren usw.) und die Erwachsenen in ihren Beschäftigungen spielend nachahmen (Staubwischen, Fegen, Abtrocknen, Nähen, Weben, Hämmern, Basteln usw., Bauern, Handwerker und Gewerbetreibende nachahmen, aber immer ohne Zwang und ökonomischen Zweck) sind die geeigneten Beschäftigungen auch für den Kindergarten. Jede unkünstlerische, intellektuelle Betätigung, die abstrakt ist und mit dem wirklichen Leben nichts zu tun hat, sollte gerade in diesem Lebensalter sorgfältig vermieden werden. (Viele Fröbelbeschäftigungen sind damit getroffen.) Es ist tatsächlich besser für das Kind, wenn es an Höschen und

Schürzchen auf- und zuknöpfen lernt, als an einem zu diesem Zweck eingerichteten „Lehrmittel", etwa an zwei Lappen, der eine mit Knöpfen, der andere mit Knopflöchern versehen (Montessori). Das eine ist ein Tun, das im Leben wirklich vorkommt, das andere ein vom Leben abstrahiertes. Kinder aber wollen im Leben stehen.

Unvernünftige Erwachsene sind manchmal entzückt, wenn vier-, fünfjährige Kinder schon schreiben, lesen und rechnen können, sich still und manierlich benehmen und weise Reden führen. Man sollte das g a n z e Leben solcher Kinder überschauen können, die das Unglück haben, im Kindergarten oder zu Hause „ganz von selber" sich diese Wissenschaften „spielend" anzueignen! So ganz unschuldig sind Kindergarten und Elternhaus daran gewöhnlich nicht! Warum aber schadet es dem Kinde, wenn es vor dem Zahnwechsel, statt zu spielen, lernt? — wofern dieses Lernen nicht eben wirklich reines Spiel ist, Nachahmen etwa der Tätigkeit älterer Geschwister, wobei das nachahmende Spiel mit dem Ernst betrieben werden kann, der überhaupt für das wahre kindliche Spiel charakteristisch ist.

III. VON DER BEWUSSTSEINSENTWICKLUNG
DES KINDES

Es ist das große Geheimnis des Lebens, daß Bewußtsein sich nur auf der Grundlage des Todes entwickelt. Ein Geheimnis, das gerade von Erziehern gründlichst durchschaut werden müßte. Ohne Einsicht in dieses Geheimnis ist Erziehung in Wirklichkeit nicht möglich. Einer Pflanze schadet es nichts, wenn man einen Zweig abschneidet, eine Blüte abbricht usw. Es gibt niedere Würmer, denen es gleichgültig ist, wenn man sie in Teile schneidet. Jeder Teil lebt einfach weiter. Die Lebenskräfte sind unüberwindlich. Schon bei den höheren Tieren ist das nicht mehr der Fall. Je fortgeschrittener, je empfindender sie sind, um so weniger kann man Experimente mit ihrer Lebenskraft machen. Wie schnell heilen noch Wunden beim kleinen Kind, wie schwer beim alten Menschen! Je mehr die Knochen sich verfestigen, die Nerven sich aus den allgemeinen Lebens- und Stoffwechselprozessen bis zu einem gewissen Grade zurückziehen, je mehr solche verhärtenden und abbauenden Prozesse in den Vordergrund treten, um so mehr Bewußtheit tritt auf. Wo Weisheit des Alters vorhanden ist, hebt sie sich von dem ersterbenden Greisenleibe ab. (Auf die Erscheinung des Schwachsinnig-werdens im Greisenalter kann hier nicht eingegangen werden, sie widerspricht dem Angeführten nicht.) Der Säugling hat eben darum noch kein bewußtes Seelenleben, weil er nur strömendes, sprossendes Leibesleben ist. Es wurde aber schon darauf hingewiesen, wie dieses Leben sich aus gewissen Teilen des Organismus allmählich zurückzuziehen beginnt, das Skelett sich festigt, die Zähne durchbrechen usw.

Immer im Zusamenhang gerade mit solchen Prozessen entfaltet sich aber Bewußtsein. Es entsteht, wo das bloße Leben bis zu einem gewissen Grade zurückgedrängt wird. Die ersten Zähnchen bringen mit sich die Möglichkeit, die allerersten Vorstellungen zu bilden. Die Festigung der Knochen ermöglicht das Sichaufrichten und Gehen: Vorgänge, die auch einen gewaltigen Sprung in der Bewußtseinsentwicklung des Kindes bedeuten. Der Z a h n w e c h s e l aber macht das Kind schulreif *. Die Bildekräfte formen die schönen plastischen Gebilde der zweiten Zähne in der härtesten Substanz des menschlichen Organismus. Die Zahnbildung offenbart in besonders anschaulicher Weise die Aufgabe der verfestigenden Prozesse. Es wurde schon angedeutet, wie nun die Bildekräfte, indem sie im Zahnwechsel zu einem relativen Abschluß ihres Wirkens kommen, sich vom Leibe teilweise emanzipieren, wie sie dann aber nicht einfach verschwinden, sondern im kindlichen Vorstellungsleben zu finden sind. Auf Grundlage dieser Zahnwechselvorgänge wird das Seelenleben des Kindes bewußter. Größere Bewußtheit auf der einen Seite, Bildhaftigkeit auf der anderen Seite zeichnen das kindliche Vorstellungsleben nach

---

* Diese Einsicht ist grundlegend für die Praxis der Waldorf-Pädagogik und ergibt sich aus der Erkenntnis der Kindes-Entwicklung, wie sie Rudolf Steiner immer wieder dargelegt und betont hat.

dem beginnenden Zahnwechsel aus. Dieser Markstein in der Entwicklung sollte abgewartet werden, ehe man das Kind zu schulmäßigem Lernen (in welcher Form auch immer, sei es auch die modernste) anhält. Die Natur sagt uns ja selbst durch einen so wunderbar deutlichen Vorgang wie den Zahnwechsel, wann wir damit beginnen können. In älteren Zeiten der Menschheitsentwicklung hat man diesen Vorgang abgewartet, der etwa um das siebente Jahr herum eintritt, ehe man die Knaben aus der Familie nahm und sie der männlichen Erziehung übergab.

Der Lehrer und Erzieher muß sich bekennen, daß er es ist, der bis zu einem hohen Grade Leben und Tod für das Kind in der Hand hält. Weckt er dessen Bewußtsein zu früh, läßt er ihm nicht Zeit, seelisch zu schlafen, zu träumen und zu spielen, dann legt er die Keime zu einem frühen Altwerden in das Kind. Denn Bewußtsein entwickelt sich eben nur auf Kosten des Lebens. Im vorschulpflichtigen Alter, also vor dem Zahnwechsel herangezüchtete Intelligenz, Wachheit und Gedächtnisfähigkeit sind nicht die natürlichen, organisch bedingten Fähigkeiten, die wie von selbst aus dem Körper aufblühen, sondern sie entziehen dem Kinde die Lebenskräfte, die aufbauend und gestaltend an seinem Leibe wirken sollten. Und machen nicht solche Kinder einen frühreifen, altklugen Eindruck? Kennt man nicht jene Kinder mit den blassen scharfen Greisengesichtchen und den nervösen Bewegungen, die einen mit ihren Fragen, Antworten und Erwägungen überraschen, aber nicht erfreuen?

Die wichtige Frage, warum das Kind vor dem Zahnwechsel besser spielt als lernt, ist damit wohl beantwortet.

Wie wäre es zu wünschen, daß recht viele Erzieher des frühen kindlichen Alters zu dieser Einsicht kämen! Man würde damit der kommenden Generation den besten Dienst erweisen, denn die Folgen einer zu frühen Bewußtseinserweckung beim Kinde zeigen sich in ihrer ganzen Schwere doch erst im späteren Leben, wenn allerlei Krankheits- und Alters-Erscheinungen zu früh auftreten, die dann auch durch Sport- und Körperübung nicht hintan gehalten werden können.

Überläßt der Erzieher aber das Kind n u r seinen strotzenden Lebenskräften, nur seiner körperlichen Entwicklung — ohne im geeigneten Zeitpunkt, der nach dem Zahnwechsel liegt, mit Vorstellungsbildung und Gedächtnispflege einzusetzen und das Kind seelisch zu durchsteifen, ihm ein seelisches Rückgrat zu bereiten — dann fügt er der kindlichen Entwicklung nicht genügend Todeskräfte ein. Nicht weniger bedrückend als die blassen, nervösen sind dann jene Kinder, deren fortgesetztes Toben, unbeherrschte Willensausbrüche, gerötete Gesichter anzeigen, daß sie gequält werden durch zu starke, nicht genügend durchseelte Lebenskräfte, daß sie gleichsam seelisch rachitisch sind.

Moralische Erziehung und Bildekräfte

Die moralische Erziehung des Kleinkindes ist für jeden, der damit zu tun hat, ein Problem. Kaum je sieht man Erwachsene so hilflos als etwa vor drei-, vierjährigen Trotzköpfen. Sie durch Prügel zur Vernunft zu bringen, lehnt man mit Recht aus Gründen der Menschlichkeit ab —

obwohl ein Klaps manchmal die schwierige Situation auch für den Empfänger schnell und befriedigend lösen kann. Was Kinder am meisten reizt, sind fortwährende Ermahnungen, Verbote, Tadel und bittere humorlose Bemerkungen. Sie sind im Grund in ihrer Wirkung noch viel schlimmer als Klapse. Die Kinder werden dadurch gereizt und nervös und haben Tadel und Ermahnung bei der nächsten Gelegenheit vergessen. Man richtet sich mit ihnen nämlich an Seelengebiete, die bei Kindern noch nicht erschlossen sind. Zu vernünftigen und logischen Einsichten sind sie durch ihre Natur nicht fähig. Woran kann man sich dann wenden, was bringt einem das kindliche Wesen entgegen als Boden, in den die Keime des sittlichen Lebens gelegt werden können? Den Impuls nachzuahmen und in bildhaften Vorstellungen zu leben!

In den Tiefen einer jeden Menschenseele lebt eine Kraft, die, wenn eine Tat ausgeführt worden ist, den Wunsch erzeugt, das Getane noch einmal, nicht nur b e s s e r , sondern vor allen Dingen a n d e r s zu machen. Eine Kraft, die — dem Menschen im allgemeinen unbewußt — daran arbeitet, ein lebendiges Bild davon zu gestalten, w i e das Getane das nächstemal anders und besser ausgeführt werden könnte. Wenn z. B. ein Mensch durch die Handlung eines Mitmenschen geschädigt worden ist, dann arbeitet dieser verborgene Künstler in der Seele des Täters an dem Bilde einer Situation, durch die das Böse gutgemacht, ein Ausgleich für die schädigende Tat gefunden werden kann. So wie die leiblichen Bildekräfte den Körper aufbauen und ihn mit Leben durchdringen, so bauen diese geistigen Bildekräfte den moralischen Menschen auf und durchdringen ihn mit sittlichen

Impulsen, nicht in Form von abstrakten Geboten, sondern von inhaltvollen Bildern. Vor der Menschenseele kann dann das Bild einer zukünftigen Handlung stehen. Im allgemeinen aber verschläft sie heute noch das Wirken dieser geistig-moralischen Bildekräfte *.

Im Kinde, dem jede Art abstrakter Sittlichkeitsgebote noch ganz fremd ist, können noch die moralischen Bildekräfte angeregt werden. Die Emanzipation der leiblichen Bildekräfte vom Organismus des Kindes vollzieht sich in Etappen, die Rudolf Steiner ausführlich beschrieben hat. Sie lösen sich zuerst vom Haupte und wirken dann im Vorstellungsleben, sie lösen sich später von dem Brustsystem und offenbaren sich dann in der spielenden Phantasie. Und zuletzt lösen sie sich teilweise (es handelt sich immer nur um ein teilweises Lösen) vom Gliedmaßensystem und können dann als erster Keim eines moralischen Lebens erfaßt werden. Dieser letzte Vorgang vollzieht sich ungefähr um das fünfte Jahr herum. Vorher werden im Kinde gute Gewohnheiten und Sitten dadurch veranlagt werden können, daß die Erwachsenen sich entsprechend verhalten und das Kind sie nachahmen kann. Die Nachahmung ist da das wirksamste, noch durch nichts zu ersetzende Erziehungsmittel.

Vom fünften Jahre an ungefähr kann der Erzieher jene moralischen Bildekräfte aufrufen, indem er sich ihr bildhaftes Wirken zum Vorbild nimmt und die Kräfte der eigenen Phantasie aufruft, um den Kindern Situationen vor-

---

* Die Einsicht in solche verborgenen Kräfte der Seele, wie sie vor allem derjenige kennen muß, der die moralische Entwicklung des Kindes zu pflegen hat, verdanken wir Rudolf Steiner.

zumalen, aus denen ihnen in B i l d e r n entgegentritt, wie sie sich verhalten sollten. Solche kleinen Geschichten sollten möglichst einfach, dabei aber dramatisch und voll von Leben sein. Die Moral sollte sich allein aus dem geschilderten Ereignis ergeben und nicht zuletzt doch zu einem abstrakten Moralgebot führen. Die Kinder sollten sich nicht getroffen fühlen durch die Betonung, die man der Erzählung gibt, weil man sie dadurch nur reizen und verstimmen würde. Es muß ihnen überlassen bleiben, die Beziehung auf ihre eigenen Unarten selbst herzustellen. Daß sie es tun, offenbaren sie in ihrer unschuldigen Weise oft dadurch, daß sie bei der dramatisch-künstlerischen Schilderung eines Kindes, das etwa gar nicht folgt, ausrufen: „So bin ich nicht. So was würde ich nie tun!" usw. Dann haben sie begriffen, worum es sich handelt.

Die Lust am Fabulieren steckt ja eigentlich in vielen Menschen drin, die sie nur nicht in sich entdecken. Der Quell der Phantasie, der so natürlich in jeder Menschenseele sprudelt, ist heute oft durch Erziehung und Leben verschüttet. So wie aber bei jedem Menschen die Bildekräfte den Leib gestaltet und z. B. den einzelnen Knochen schön gebildet haben, wie also ein natürlicher Künstler im Menschen wirkt, so leben auch in jedem Menschen die seelischen Bildekräfte der Phantasie, die nur aus Mangel an Betätigung nicht zum Vorschein kommen und verkümmern. Im Grunde ist jeder Mensch zum Künstler bestimmt, allein durch seine organische Bildung. Im Kinde ist dieser Künstler noch frisch lebendig; wer aber Kindeskräfte sich bewahrt, der kann den Künstler in sich auch wieder zum Aufwachen bringen.

Man fange nur erst einmal an, eine kleine Geschichte auszudenken und dann wieder eine — und man wird sehen, wie die Lust am Fabulieren erwacht und nicht nur das Kind große, freudig erstaunte Augen macht, wenn die Mutter ihm plötzlich „Geschichten erzählt", s e l b s t a u s g e d a c h t e , sondern man auch selbst eine unerwartete Freude an den eigenen Geschichten erlebt.

Ein Beispiel, so einfach wie möglich: Es fällt dem drei-, vierjährigen kleinen Mann nicht ein zu folgen. Ermahnen, strafen nützt nichts. Da erzählt ihm die Mutter eine Geschichte (es kann natürlich auch der Vater sein!). Die Geschichte wird nicht etwa als „Belohnung" für irgend eine besondere Unfolgsamkeit erzählt, sondern abends am Bettchen, wo der Kleine vielleicht überhaupt gewöhnt ist, eine Geschichte oder ein Märchen zu hören. Er ist also nicht darauf gefaßt, moralisiert zu werden, und hört friedlich und mit Spannung zu. „Es war einmal ein kleiner Bub. Der wollte nie folgen. Wenn die Mutter ihm etwas sagte, er tat es nicht, dachte gar nicht daran. (Das kann ausgemalt werden, indem man unauffällig Situationen beschreibt, in denen der kleine Zuhörer selbst nicht gefolgt hat.) Ja, aber eines Tages lief er auf die Straße. Die Mutter rief ihn vom Fenster zurück, aber er kam nicht. Noch einmal rief sie. Nein, er kam nicht. Er spielte ruhig auf der Straße weiter. Da! auf einmal! kommt ein Auto daher, tutet, rast heran. Weglaufen kann er jetzt nicht mehr. Er ist ganz erstarrt vor Schreck. Schon ist er beinahe unter den Rädern des Wagens, da reißt ihn ein guter Mann noch zu a l l e r l e t z t hervor." Das kann man ausmalen, dramatisch gestalten, und man kann sicher sein, daß der Junge nicht nur mit der äußersten Spannung zuhören wird, sondern daß er auch recht gut den Schluß auf sich selber beziehen wird. Um so sicherer, je unaufdringlicher man erzählt. Und wahrscheinlich wird er auch energisch erklären, daß er nie so sein würde wie der dumme ungezogene Junge auf der Straße! Erzählt man dieselbe Geschichte nun öfters — seelisch gesunde kleine Kinder wollen ja dasselbe immer wieder und wieder hören, womöglich mit den gleichen Worten — dann prägen sich die Bilder tief in die kindliche Seele ein. Die moralisch-geistigen Bildekräfte ergreifen sie, weben an ihnen, vertiefen sie, verstärken sie — und kommt das Kind in eine Versuchung, dann tauchen die Bilder auf und wirken hemmender und helfender als die eindringlichsten Ermahnungen, ja selbst als Strafe und Prügel. Nur muß der Erwachsene selbst mit Ernst und Überzeugung beim Erzählen dabei sein — die Unarten der Kinder kommen so oft daher, daß z. B. die Erzieher ihre eigenen Gebote nicht wirklich ganz ernst nehmen und nicht mit Leib und Seele dahinter stehen.

In der Pflanzenwelt wirken die Bildekräfte so, daß sie in der Wiederholung schaffen, Trieb auf Trieb hervorgehen lassen, Blatt auf Blatt usw. Wiederholung in rhythmischen Abständen beobachtet man da. Auch das Kind hat noch nicht die Möglichkeit, einen einmaligen Entschluß zu fassen und dabei zu bleiben, es verlangt nach Wiederholung für die Entwicklung seines sittlichen Lebens. Immer wieder mit Geduld dasselbe sagen, dasselbe erzählen, das Kind auch immer dasselbe möglichst täglich zur selben Zeit tun lassen, das erzieht das Willensleben des Kindes. Gütige Geduld und rhythmische Gestaltung des täglichen Lebens sind überhaupt das A und O der Erziehung.

Die kleinen Geschichten wirken Wunder, nicht sofort, aber im Laufe der Zeit. Sie können bei allen möglichen kindlichen Untugenden heilend wirken, bei Ungefälligkeit, Naschen, Übertreiben, Lügen, Stehlen usw. usw. Nur müssen sie ohne Gereiztheit möglichst konkret und anschaulich erzählt werden. Vor dem Dramatischen und selbst Grotesken braucht man sich dabei keineswegs zu fürchten, die Geschichten müssen schon „schlagend" sein. Was man aber auf jeden Fall vermeiden sollte, ist auch die leiseste Färbung von Sentimentalität. Sentimentalität verträgt sich nicht mit Kunst, — und eine wenn auch ganz primitive und anfängliche künstlerische Betätigung ist auch das Geschichtenerzählen. Hat man den Mut gehabt, damit anzufangen, so wird man gewonnen haben und den Quell schöpferischer Gestaltung (wenn auch in der einfachsten Form) wieder in sich geöffnet haben. — Man wird bemerken, daß damit auch das unmittelbare Verständnis für das kindliche Seelenleben wachsen wird, denn man hat dann dieselben Kräfte wieder in sich wachgerufen, in denen das Kind ganz selbstverständlich als in seinem ureigensten Wesen lebt. —

Der unsichtbare Spielgefährte

Die kindliche Phantasie ist einer Steigerung fähig, von der sich der Erwachsene selten einen Begriff macht. Es handelt sich dabei nicht nur um ein bloßes „Ausdenken" von mehr oder weniger wirklichkeitsfremden Vorstellungskreisen. Das Kind ragt mit seiner Seelenkraft in eine Sphäre hinein, die der Erwachsene, wenn er nicht Künstler ist, nicht mehr erreicht. Wie der künstlerische Mensch tiefer in das Wesen der Welt eindringt und zu wahreren Erkenntnissen kommt, so ist auch das Kind, nur auf eine unterbewußte Weise, tiefer mit ihrem Wesen verbunden. Es dringt noch vor bis zum Wesenhaften der Dinge. Dies kann sich in einer Art von primitivem Schauen äußern. Kinder „sehen" mehr als Erwachsene. Wenn ein kleiner Junge unter dem Bett, auf dem Schrank und in allerlei Ecken und Winkeln etwas „sah", was er immer mit ehrfürchtiger Begeisterung „Löwe" nannte, so waren die Erwachsenen geneigt, das für kindliche Torheit zu halten. Torheit oder nicht, man konnte sich leicht überzeugen, daß der Kleine eine Wahrnehmung hatte, die die Erwachsenen nicht hatten.

Dieses kindliche Hellsehen verbindet sich mit der schöpferischen Kraft der Phantasie. Das Kind lebt mit solcher Intensität in den Geschöpfen seiner Gestaltungskraft, daß es sie von sich objektiviert und sie aus sich heraus in die Außenwelt setzt. Das ist dann der Ursprung des „unsichtbaren Spielgefährten", den mehr Kinder sich schaffen, als man denkt. Nur bemerken die klugen kleinen Leute (Kinder haben ja eine natürliche Klugheit) sehr bald, daß die Erwachsenen diesem unsichtbaren Spielgefährten wenig Verständnis entgegenbringen. Ja, den Kindern wird oft der Vorwurf des Lügens oder des „Aufschneidens" gemacht. Darum erfahren die Erwachsenen nicht viel davon. Und es ist auch wirklich schwer, diese Kraft zu fassen, die da wirkt und sich zusammensetzt aus träumerischer Phantasie und kindlichem Hellsehen. Die Erinnerung an die eigene Kindheit könnte diese Kraft wieder vor das Seelenleben rufen.

Man vertiefe sich in das Grimmsche Märchen von der Unke — da findet sich ein solches Kindeserleben des unsichtbaren Spielgefährten *.

„Es war einmal ein kleines Kind, dem gab seine Mutter jeden Nachmittag ein Schüsselchen mit Milch und Weckbrocken, und das Kind setzte sich damit hinaus in den Hof. Wenn es aber anfing zu essen, so kam die Hausunke aus einer Mauerritze hervorgekrochen, senkte ihr Köpfchen in die Milch und aß mit. Das Kind hatte seine Freude daran, und wenn es mit seinem Schüsselchen da saß, und die Unke kam nicht gleich herbei, so rief es ihr zu:

> „Unke, Unke, komm geschwind,
> komm herbei, du kleines Ding,
> sollst dein Bröckchen haben,
> an der Milch dich laben."

Da kam die Unke gelaufen und ließ es sich gut schmecken. Sie zeigte sich auch dankbar; denn sie brachte dem Kind aus ihrem heimlichen Schatz allerlei schöne Dinge, glänzende Steine, Perlen und goldene Spielsachen. Die Unke trank aber nur Milch und ließ die Brocken liegen. Da nahm das Kind einmal ein Löffelchen, schlug ihr damit sanft auf den Kopf und sagte: „Ding, iß auch Brocken." Die Mutter, die in der Küche stand, hörte, daß das Kind mit jemand sprach, und als sie sah, daß es mit seinem Löffelchen nach einer Unke schlug, so lief sie mit einem Scheit Holz heraus und tötete das gute Tier.

---

* Vgl. Rudolf Steiners Ausführungen über Märchendichtung (abgedruckt: „Menschenschule", März/Aprilheft 1938).

Von der Zeit an ging eine Veränderung mit dem Kinde vor. Es war, solange die Unke mit ihm gegessen hatte, groß und stark geworden, jetzt aber verlor es seine schönen roten Backen und magerte ab. Nicht lange, so fing in der Nacht der Totenvogel an zu schreien, und das Rotkehlchen sammelte Zweiglein und Blätter zu einem Totenkranz, und bald hernach lag das Kind auf der Bahre."

Jene Unke war der unsichtbare Spielgefährte des Mädchens, gewoben aus seiner Phantasie. In das Gewand aber, das sie webte, kleidete sich ein übersinnlich-elementarisches Wesen. Die Mutter ist ohne Verständnis für diese Seelenkraft ihres Kindes und deren Gestaltungen. Sie verhindert das Kind daran, sie zu entfalten, so daß seine schöpferischen Kräfte in den Organismus zurückgestaut werden. Das Kind wird dadurch krank und stirbt. Sensitive Kinder können tatsächlich darunter leiden und sogar kränklich werden, wenn man ihnen nicht erlaubt, die schöpferische Gestaltungskraft zu betätigen.

„Das ist ja Unsinn, dummes Zeug, rede doch keinen Unsinn, das kann doch nicht wahr sein" usw. sind einzelne der Aussprüche, durch die Erwachsene ihr Unverständnis bezeugen. Viele Beispiele für solche unsichtbaren Spielgefährten könnte man geben, doch haben sie bei der heutigen Auffassung der Menschen leicht etwas Sensationelles. Es sei jedoch hingewiesen auf das interessante Buch von Hugh Walpole: „The Golden Scarecrow". Der bekannte englische Schriftsteller stellt mit feinstem Kindesverständnis jene Fähigkeit des Kindes dar, Übersinnliches wahrzunehmen — in diesem Falle die schützende Macht, die sie ins Leben geleitet und ihre erste Kinderzeit beschützt, den unsichtbaren Freund, den sie allmählich vergessen, in dem Grade, wie ihre Bekanntschaft mit den irdischen Dingen wächst. Auch sei das ergreifende Buch von William Canton, „The Invisible Playmate" erwähnt, das durchaus realistisch, dabei außerordentlich zart die Freundschaft zweier Geschwister schildert, von denen das eine, „der unsichtbare Spielgefährte", die Seele des verstorbenen Brüderchens ist, die sich mit dem auf der Erde lebenden Schwesterchen verbindet und von ihr wahrgenommen wird.

Für diese Seite des kindlichen Seelenlebens ist eben heute noch nicht viel Beobachtungsfähigkeit und Verständnis da, sonst würde man nicht sonderbar finden, was aus der kindlichen Entwicklungsstufe heraus doch verständlich ist. Kinder sind von den Himmelswelten noch nicht so abgeschlossen, wie der Erwachsene es heute im allgemeinen ist.

Die Gewalt der kindlichen Phantasie ist auch beim Spiel oft in erheiternder Weise zu beobachten: da hat ein kleiner Junge, noch nicht schulpflichtig, einen Hund, der aber nur in seiner Phantasie besteht und von den Erwachsenen nicht gesehen wird. Der Hund ißt mit ihm, schläft mit ihm, spielt mit ihm, geht mit ihm spazieren — durch Wochen. Er nimmt ihn auch eines Morgens zu einem kleinen Spielkameraden mit und wird von der Mutter ermahnt, daß er ja zur rechten Zeit zum Essen nach Hause kommen solle. Aber — er kommt viel zu spät heim. Warum? Das erfährt seine Mutter, als sie die Mutter des kleinen Spielkameraden besucht. Diese erzählt: Wir hatten ihn ganz zur rechten Zeit heimgeschickt. Aber nach etwa einer Viertelstunde kommt er wieder zurückgerannt, heiß, schnaufend, verstört: „Ich hab' meinen Hund vergessen", ruft er atemlos. Er stürzt in den Garten, pfeift, ruft, schnalzt mit den Fingern, endlich kommt der imaginäre Hund, und er rennt mit ihm nach Hause!

Derselbe Knabe — er hat ein mitleidvolles Herz — konnte Bettlern, denen er an der Haustür ein paar Pfennige geben durfte, von seinem „goldenen Schloß" erzählen, wo sie sehr willkommen sein würden. Dieses Schloß verwandelte sich später, als er in die Schule ging, in eine Art „Universität", wo man alles lernen konnte, was man wollte.

Als er einst in den Alpen mit seinem Vater ein Salzbergwerk besucht hatte, kam er mit einer Anzahl Zwerglein aus den Erdentiefen herauf. Er schwatzte mit ihnen, spielte mit ihnen, bis sie an einen Bach kamen, den man, von Stein zu Stein springend, überqueren mußte. Der Knabe behauptete, daß die Zwerglein dazu nicht imstande wären, und ruhte nicht, bis der Vater sich die imaginären Zwerge auf Schultern und Arme gesetzt hatte und sie herüber trug. Erst daheim im Kuhstall bei den befreundeten Kühen wurden die Zwerge vergessen.

Ein älterer Mann erzählte, wie er bis gegen sein neuntes Jahr mit einem Tiere gelebt habe von höchst eigentümlicher Art und Gestalt. Das Tier war ihm auch ganz vertraut, begleitete ihn, saß neben ihm beim Essen, schlief vor seinem Bett usw. Er verlor es dann in seinem neunten Jahre einfach aus seinem Bewußtsein. Doch glaubte er später zu entdecken, daß dieses Tier seiner Kindheit einer australischen Tierart ähnlich gesehen hätte.

Die unsichtbaren Spielgefährten bleiben gewöhnlich bis zum Zahnwechsel, spätestens bis zum neunten Jahre bei dem Kinde. Das kleine Mädchen, das ihren den Erwachsenen unsichtbaren Spielgefährten nach dem vor ihrer Geburt gestorbenen Brüderchen genannt hatte und angstvoll ihr wackelndes Zähnchen hütete — „denn ich weiß, wenn der Zahn herausfällt, geht er weg!" — hatte ein sicheres, wenn auch instinktives Gefühl für diese Zusammenhänge. Der Kindergarten und die Schule lassen den unsichtbaren Spielgefährten rasch verschwinden. Viele kleine Spielgefährten aus Fleisch und Blut vertreiben ihn und nehmen seine Stelle ein. Der einsame kleine Fünfjährige, der eine unsichtbare kleine Freundin hat, mit der er im Garten spielt (sie darf an Vaters Rosen riechen, aber sie nicht anrühren!), wird sie bald schnöde vergessen haben, wenn er im Kindergarten mit wirklichen Mädchen und Buben spielen darf. Man kann das als eine erwünschte, gesunde Entwicklung bezeichnen, doch sollte man deshalb nicht glauben, daß der unsichtbare Spielgefährte auf eine Anomalie im kindlichen Seelenleben deuten müsse.

Phantasielügen

Es ist eine Binsenwahrheit, die aber in der Praxis der Erziehung nicht immer berücksichtigt wird, daß das kleine Kind Wahrheit und Dichtung noch nicht unterscheiden kann. Warum sollte ein Traum für es weniger wahr sein als ein Erlebnis des wachen Tages? — wie es z. B. für Kaspar Hauser war, den Nürnberger Findling. Er war 12 Jahre in einem unterirdischen Kerker so gut wie völlig abgeschlossen von jeglicher Außenwelt begraben gehalten worden. Als er in seinem 16. Jahre sein Gefängnis verließ — „auf die Welt kam" nach seinen eigenen Worten — war er dadurch erst auf der Stufe eines kleinen Kindes. Nur konnte er als 16jähriger seinen Erlebnissen mit der Zeit Worte geben. Und da sieht man, daß es ihm zunächst unmöglich war, Traum und Wirklichkeit zu unterscheiden. Er bedankte sich für den Besuch einer Persönlichkeit, von der er nachts geträumt hatte, als ihn diese Persönlichkeit am Tag darauf besuchte.

Warum sollte eine Gestalt der kindlichen Phantasie weniger „wahr" sein als mancher Erwachsene, dem man als Kind doch manchmal etwas weniger drastische Wirklichkeit wünschen möchte! Warum soll das Kind das, was es mit den äußeren Sinnen wahrnimmt, für wahrer halten, als was es in innerem Sinnen erbildet und dann nach außen projiziert?

Ein charakteristisches Beispiel dafür: Ein kleines Mädchen, etwa zwischen vier und fünf Jahren, kommt vom Spaziergang in den Straßen einer Großstadt heim: „Mutter, ich habe einen Löwen auf der Straße gesehen!" Die Augen sind ganz groß. Die Mutter, deren Sachlichkeit nicht zuläßt, daß Löwen in den Straßen der Großstadt herumwandeln könnten, bringt das Kind dazu, einzugestehen, daß es sich nur um einen großen Hund gehandelt haben kann. Sie ist traurig, daß das Töchterchen „gelogen" hat und empfiehlt ihm dringend, den lieben Gott beim Abendgebet um Verzeihung zu bitten. Am nächsten Morgen ernste Nachfrage: „Hast du den lieben Gott um Verzeihung gebeten?" Nachdenklich erwidert die kleine Sünderin:

„Ja, aber der liebe Gott hat auch zuerst geglaubt, es wäre ein Löwe gewesen!"

Mit unnachahmlicher kindlicher Pädagogik ist hier die Mutter belehrt, wie die gütige Gottheit es mit den schöpferischen Phantasiekräften des Kindes hält und d a s Verständnis für sie hat, das den irdischen Erwachsenen mangelt.

Ein anderes kleines Mädchen — es hatte es auch mit Löwen zu tun — ist angeregt durch die Prahlereien älterer Brüder, die von allerlei Heldentaten erzählen. „Ich", wirft sie ein, „hab' schon einmal den Kopf in den Rachen von einem Löwen gesteckt." Erstauntes Schweigen, tadelnde Blicke, empörte Ausrufe wahrheitsliebender Erwachsener! „Aber es war nur ein toter!" fügt sie eilig hinzu.

„Mein Vater hat einen goldenen Bleistift", verkündet ein Erstklässler. Das Wort „golden" wirkt als Zauberstab. Ein kleiner Mitschüler sieht im Geiste daheim alles glitzern und glänzen. „Bei uns zu Hause ist a l l e s von Gold!" ruft er schnell, den Kameraden übertrumpfend. Kann der Erzieher nun etwas anderes tun als herzlich lachen und die Sache auf die Spitze treiben: „Schaut mich mal an, ich bin ja selber ganz von Gold!" Das Kind versteht das gutmütige Auslachen, den lustigen Humor und — ist beschämt, fühlt seine Übertreibung. Es ist selbstverständlich, daß man sorgfältig vermeiden sollte, Kinder durch Auslachen, Verspotten und Ironisieren zu reizen und zu verstimmen. Spott und Ironie sind von Humor und Scherz verschieden wie Nacht von Tag. Jene können nur verletzen und kränken, diese helfen und heilen.

Zu Phantasielügen neigen die Kinder, wenn ihre Phantasie sich nicht in vernünftiger Weise betätigen kann. Sie ersetzen sich, was ihnen nicht von außen als gesunde Seelennahrung zugeführt wird, durch eigenes inneres Spinnen und Weben in — Phantasievorstellungen. Solche Kinder sollten viel wertvolle Märchen, Sagen, Legenden, und wenn sie älter sind, Mythologien zu hören bekommen, mit deren großartigen Bildern sie innerlich leben können. Sie sollten sich viel künstlerisch betätigen dürfen, malend, zeichnend, modellierend usw. Auch sollten sie die Möglichkeit haben, zu Haus und in der Schule zu kleinen Leistungen zu kommen, die wirklich anerkannt werden können. Denn jeder weiß, daß Übertreibungen bei Kindern oft dem Geltungsbedürfnis entspringen. Man kann Phantasielügen bei Kindern beobachten, um die niemand sich recht kümmert, die etwas verwahrlost, dabei aber doch lebhaften Geistes sind. Sie fühlen, daß ihnen etwas mangelt, daß sie herumgestoßen werden und überall zuviel sind, und suchen sich ein Gewicht zu geben, indem sie die wunderbarsten Geschichten erfinden und erzählen. Ein so gearteter kleiner Knabe — Schulanfänger — erzählte seiner Lehrerin beim ersten Besuch, als er ihr vorgestellt wurde, sofort mit leuchtenden Augen und eindringlichen Worten von „Pfeilen, die im Kriege benutzt worden wären und die über tausend! Häuser hätten fliegen können!" usw. Man fühlte, wie seine Phantasie arbeitete und er sich anstrengte, sich ins rechte Licht zu setzen.

Die Freude daran, von seinen Kameraden bewundert und angestaunt zu werden, veranlaßte ja selbst den kleinen Goethe, seine blühende Phantasie zu entfalten und ihnen die sonderbarsten Märchen zu erzählen. Auch wollte er sie ganz gern ein wenig in die Irre führen, wie ja aus der Umrahmung des Paris-Märchens leicht hervorgeht. Der Wunsch zu mystifizieren, der sich der kindlich-künstlerischen Gestaltungskraft bedient, ist auch oft Ursache von Übertreibungen und nicht ganz wahrhaftigen Darstellungen.

Phantasiegeschichten

Kinder werden durch ihre Sinneswahrnehmungen nicht dazu aufgefordert, sich genau umrissene und exakte Vorstellungen zu machen, obwohl sie erstaunlich gute Beobachter sind und darin oft viel genauer als Erwachsene. Man muß sich von einem kleinen, noch nicht schulpflichtigen Großstädter ein Auto beschreiben lassen, und man wird beschämt zugeben, daß seine Beobachtungsgabe die eigene weit übertrifft.

An diese Beobachtungen schließt sich aber weniger das klare exakte Gedankenleben an als das dichtende Phantasieleben. Eine Wolke, obwohl sie scharf ins Auge gefaßt wird, ist nicht interessant durch ihre Form, Dichte, Stofflichkeit, sondern dadurch, daß sie einen Bären, ein Kamel, einen Riesen usw. darstellt. Wolkenschlösser, Engelzüge, Schäfchenweiden bilden sich vor dem Auge des Kindes, das etwa vom Schulunterricht gelangweilt aus dem Fenster nach dem Himmel schaut oder auf der Wiese liegt, nach oben staunend und träumerisch die Wolkenbildungen verfolgend. Risse in der Wand, Kleckse auf dem Löschblatt oder der Heftseite nehmen Gestalten an, denen dann noch nachgeholfen werden kann. Daraus entsteht dann die bei Schülern beliebte Klecksographie, die aber auch der Student noch nicht verschmäht, der sich im Kolleg durch träumerisches Gestalten-Zeichnen oder In-die-Bank-Schnitzen von den abstrakten Gedankengängen erholt, zu denen ihn der Vortrag des Dozenten zwingt.

Oder ein Wagen fährt vorbei. Ein Mann und ein Kind sitzen drin. Ob das wohl Vater und Sohn sind? Wo mögen sie herkommen, wohin fahren? Von welchem Erlebnis kommen sie, und zu welchem Erlebnis gehen sie? Die Phantasie ist in Bewegung gesetzt und eine mehr oder weniger erfindungsreiche „Geschichte" ist im Gang, in die der kleine Dichter sich vielleicht bald selbst einbezieht.

Dieses „Geschichtenausdenken" ist bei den Kindern viel häufiger, als man denkt. Manche Kinder spinnen lange, tagelang, wochenlang, selbst jahrelang an derselben Geschichte. (Die englische Dichterin Emily Brontë begann eine Geschichte als Kind und spann an ihr bis zu ihrem zwanzigsten Jahre fort.) Nur der ganz vertraute „beste Freund" bekommt etwas davon zu hören. Die Erwachsenen erfahren in den seltensten Fällen davon. Die Geduld zum Zuhören würde ihnen auch bald ausgehen. Man könnte aber an diesen Geschichten ungeheuer viel Bedeutungsvolles über Wesen, Charakter, Auffassung und geistige Herkunft des Kindes erfahren. Denn da drängt sich viel aus unterbewußten Tiefen in die Seele des Kindes hinein, wenn es so die eigenen Gestaltungskräfte in sich walten läßt. Es ist ja nie eine ganz vollbewußte Tätigkeit, sondern eine Art wachendes Träumen, in welchem das Kind sich bewegt. Es bezieht zwar die aus der Außenwelt gewonnenen Vorstellungen in sein Träumen ein, trotzdem aber bleibt es ganz im Bereich seines ureigensten Wesens.

Oft spinnt das Kind sich selbst in eine solche Geschichte ein. Es spielt dann eine „Rolle". Oft kann man schon am Gang des Kindes, etwa auf dem Schulweg, erraten, was das Kind „darstellt". Ganz an sein Dichten hingegeben, in seine Phantasievorstellungen versunken, rennt es schnell dahin, denn es ist auf der Flucht vor einem Feind, oder es schreitet rhythmisch fest und aufrecht als Soldat, es trippelt zierlich als Prinzessin, hüpft als Reh, galoppiert als Pferd, schleicht als Fuchs usw. Das Spielen wird ins eigene Innere verlegt und von dort durch die Geste nach außen getrieben.

Man muß für diese Art Phantasiespiel Verständnis haben. Sonst kann man leicht die kindlichen Handlungen falsch beurteilen. Es ist nicht angenehm, von einem brüllenden Löwen angefallen zu werden, wenn man ins Zimmer tritt, aber es ist nicht bös gemeint: kann ein Löwe anders als brüllen und sich auf seine Beute stürzen? Es gehört viel Geduld dazu, wenn das muntere, offenherzige Kind sich auf einmal in einen würdevollen, ernsten Schweiger verwandelt, kaum auf die Fragen antwortet, nichts aus der Schule erzählt usw. Es hat nämlich in der Schule von Wilhelm von Oranien, dem großen Schweiger, gehört und beschlossen, ihn zum Ideal zu erheben, sich gewissermaßen mit ihm zu identifizieren. Also wird so wenig wie möglich gesprochen! Ein Bub kann mit gespreizten Beinen sich hinstellen, freche Antworten geben. Er ist aber ein Seemann, und die sind bekanntlich nicht zart veranlagt. Von einem „Seebären" kann man nicht feine Höflichkeit erwarten.

Fühlt sich das Kind aber mißverstanden, gekränkt, schlecht behandelt, dann nimmt seine Phantasie eine andere Richtung. Phantasievorstellungen, die zu inneren „Denkgeschichten" werden, sind charakteristisch für Kinder im neunten, zehnten Lebensjahre. Es ist die Zeit, wo das Kind sich von dem selbstverständlichen Miterleben mit der Umwelt etwas zurückzieht, sich gegenüber den Menschen seiner Umgebung isoliert und anfängt, sie zu kritisieren. Das ist oft eine schwierige Zeit für Erzieher und Kinder, eine Art Vorspiel zu den gesteigerten Schwierigkeiten des Reifealters.

Fühlen die Kinder, daß die Erwachsenen auf die unausgesprochenen Fragen, die in dieser Zeit in ihnen leben, nicht eingehen, dann ziehen sie sich in sich selbst zurück und beginnen zu brüten. Folgende Gedankengänge sind nicht allzu selten: „Ja, ich bin wohl gar nicht das Kind meiner Eltern, wer weiß, woher ich stamme! Vielleicht sind meine wahren Eltern sehr vornehme Leute . . ." und dann geht das Phantasieren weiter, oft morgens im Bett nach dem Aufwachen, abends vor dem Einschlafen und in Stunden der Verstimmung in irgend einem Winkel oder in vertraulichem Gespräch mit dem zur Zeit allerbesten Freund oder der Freundin. „Vielleicht ist mein Vater ein Seemann, vielleicht ein armer Holzhauer im Walde, o wie gern wäre ich bei ihm! Er würde mich gewiß verstehen; der, der sich jetzt mein Vater nennt, versteht mich nicht, liebt mich nicht." So geht es weiter in endlosen melancholischen Vorstellungsreihen. Ja, ein Junge von etwa elf Jahren wurde gefunden, wie er auf der Terrasse hockend, den Familienterrier im Arm, laut vor sich hinheulte: „Mich versteht niemand, niemand hat mich lieb, nur d u (gemeint war

Fips, der Terrier) verstehst mich, nur du hast mich lieb"
usw. Übrigens kein zart besaitetes, kränkliches Kind, sondern ein kräftiger, gesunder Junge, zu Kampf und Raufe-
rei immer bereit. Aber da hatte ihn der Weltschmerz überwältigt, der in der Zeit, die der physiologischen Reife
vorangeht, den heranwachsenden Menschen nicht selten
quält. T o l s t o i beschreibt diesen Weltschmerz besonders
anschaulich. Er schildert in den Kindheits- und Jugenderinnerungen einen Knaben, der sich in seinem zwölften
Jahre von seiner nächsten vertrauten Umgebung zurückzog
und sehr einsam wurde. Da grübelte er darüber nach, daß
er wohl nicht das Kind seines Vaters wäre. Er nahm sich
vor, vor den Vater hinzutreten, ihm für seine Wohltaten
zu danken, dann aber zu erklären, daß er jetzt fortgehen
müsse. Auch die Zukunft malte er sich aus, wie er ein alles
besiegender Held werden würde, wie ihn der Zar für seine
Heldentaten belohnen —, er aber auf alles verzichten und
nur den Tod seines Feindes verlangen würde — des Haus-
lehrers nämlich, von dem er sich ungerecht und unwürdig
behandelt fühle . . .*

Doch auch hier muß gesagt werden, daß die manchmal
recht triviale und sentimentale Art der Phantasievorstellungen dieses Alters damit zusammenhängt, daß die Kinder
in Schule und Elternhaus nicht die gesunde Seelennahrung
bekommen, die sie in diesen Jahren wie das tägliche Brot
brauchen. Würden die Kinder dazu angeleitet, in den groß-
zügigen und unsentimentalen Bildern der germanischen,

---

* Tolstoi mischt in seinen Kindheits- und Jugenderinnerungen
Dichtung und Wahrheit. Sein Vater starb früh, er hat ihn nicht
mehr gekannt.

110

persischen oder griechischen Heldensagen wirklich zu leben, dann würden ihre Phantasievorstellungen ganz von selber weniger trivial und weniger sentimental werden. Ihre Seelen würden sich dann mit künstlerischen, begeisternden und aufweckenden Vorstellungen erfüllen und daran sich entfalten. Statt dessen hat man oft das herzzerreißende Bild des Zeitung lesenden Kindes.

Phantasie-Unarten

Kinder, denen die kräftige Nahrung der Märchen, Sagen, Mythologien und der lebendigen Geschichtsbilder fehlt, suchen sich ihre Nahrung woanders. Wie etwa ein Hungriger, der kein Stück Brot bekommen kann, faule Äpfel auflesen muß und noch froh ist, wenn er sie findet! Da werden eben heimlich Mordgeschichten in der Zeitung gelesen oder mit Hintertreppengeschichten ein schwunghafter Tauschhandel unter Schulkameraden getrieben. Um das neunte Jahr herum beginnt die Lesewut, wenn die Gestaltungskräfte des Kindes nicht in die richtigen Wege geleitet worden sind. Da sucht man dann auch die Gesellschaft von Menschen, die einem Greuel- und Klatschgeschichten erzählen. Je gewagter und grusliger umso besser!

Es wäre interessant — und nicht nur das — zu untersuchen, wie viele der sogenannten schlimmen Jugendstreiche ihre Ursache in einer mangelnden Beachtung und Pflege der Phantasiekräfte in Schule und Elternhaus haben! Ungepflegt schießt die Phantasie ins Kraut und nimmt wüste, wirre Formen an. Harmlos mag es da noch erscheinen, wenn Kinder von daheim ausreißen, wo es ihnen nicht mehr gefällt und sie sich beleidigt fühlen. Die heimliche Art, wie das bewerkstelligt werden muß, die Vorbereitungen dazu, die Schliche, die man anwenden muß, um nicht gefaßt zu werden, die Bilder der zukünftigen Heldentaten, die man ausführen wird, als Schiffsjunge auf dem Meere, Räuber im Wald, blinder Passagier im Güterwagen usw. usw. regen die mißleitete Phantasie ungeheuer an. Viel schlimmer ist es noch, wenn die jungen Menschen, weil ihnen die Möglichkeit fehlt, sich wahre und befeuernde Ideale zu bilden, nicht dabei stehen bleiben, sich ihre Ideale unter den Helden des Sports zu suchen, sondern sich zu ihrem Ideal moderne Verbrecher, Hochstapler, Fassadenkletterer erwählen. Die Kriminalistik Jugendlicher zeigt, wie verdorbene Phantasie zu Verbrechen führen kann. So hatte ein sechzehnjähriger Junge, der eine junge Frau, die Mutter mehrerer Kinder, um ihrer Geldtasche willen mit einem alten verrosteten Revolver tötete, vorher eine ähnliche Szene im Kino gesehen. Seine nie beachtete, nie gepflegte Phantasie verleitete ihn dazu, das, was er gesehen hatte, nun auch zu „spielen". Denn sein Verbrechen war im Grunde ein furchtbares, grausames S p i e l. Die verdorbene Phantasie arbeitet die jungen Menschen in Rollen hinein, denen ihr besseres Selbst dann nicht mehr entschlüpfen kann. Sie wirkt mit zwingender Gewalt und überwältigt die blassen, ungepflegten Triebe des abstrakten Gewissens.

Wenn nur alle Erzieher wüßten, wie stark bis zur Geschlechtsreife und über sie hinaus die werdenden Menschen in bildhaften Vorstellungen leben und aus ihnen heraus handeln, ja, für die Erzieher oft völlig unverständlich handeln! Sie wollen auch durch gesunde, bildhafte Vorstellungen erzogen werden. Dann würden die Erzieher den Wert der lebendigen, gesprochenen (nicht vorgelesenen) Erzählung, der geschichtlichen Biographie, der gewaltigen Bilder alter Epen noch mehr schätzen und, indem sie diese als wirksamstes Erziehungsmittel bewußt verwenden, sie vom bloß pflichtgemäßen Lehrstoff zum Werkzeug heilender Seelenbildung erheben.

Schulerziehung und Phantasie

Man glaubt oft, eine künstlerische Erziehung und Unterrichtsgestaltung ablehnen zu müssen. Sie sei weichlich, spielerisch, ohne den notwendigen Ernst und die Härte, die das heutige Leben und die nächste Zukunft doch einmal von der Erziehung verlangen müssen. Aber jedes lebendige Wesen wird dann am stärksten und seinen besonderen Lebensaufgaben am besten gewachsen sein, wenn es die für seine Art notwendigen Lebensbedingungen findet. Es gibt Pflanzen, die viel Wasser und Schatten brauchen, und man wird nichts erreichen, wenn man sie aus erzieherischen Gründen auf karge Wasserration und Sonne setzen würde. Für alle Wesen gelten bestimmte Bedingungen, unter denen sie leben und gedeihen können, und will man diese Bedingungen ändern, so muß man in vorsichtiger und sorgfältiger Züchtung die Art zu ändern versuchen.

Das Kind kommt in einem bestimmten Entwicklungsaugenblick in die Schule, nämlich im allgemeinen um die

Zeit des Zahnwechsels. Man trägt nichts zu einer gesunden und kräftigen Zukunftsgestaltung bei, wenn man sich darum nicht kümmert und das Kind etwa so erzieht und unterrichtet, als hätte es die Zeit der Geschlechtsreife schon hinter sich und wäre eigentlich ein kleiner Erwachsener. Man kann doch nicht glauben, daß es eine besonders kraftvolle Generation für die Zukunft vorbereiten hieße, wenn man ohne Kenntnis der kindlichen Entwicklungsvorgänge erzieht. Im Gegenteil, man verkrüppelt dann den Menschen doch in irgend einem Teil seines Wesens, ohne es zu bemerken.

Das Kind bringt dem Lehrer zur Zeit des Zahnwechsels die sich vom Leibe teilweise lösenden Bildekräfte entgegen, die nun in der Bildhaftigkeit seines Vorstellungslebens wirken und in den Fingerspitzen prickeln, um sich plastisch-malerisch zu äußern. Wie es für die Erwachsenen selbstverständlich ist, logisch zu denken und vernunftgemäß zu handeln, so ist es für die Kinder selbstverständlich, in Bildern und Gleichnissen vorzustellen und sich kindlich-künstlerisch zu betätigen. Wenn man in der Schule malen, zeichnen, modellieren läßt, daraus erst das Schreiben von Buchstaben entwickelt (die ja heute nicht mehr Bilder, sondern abstrakte Zeichen sind), so handelt man als Lehrer wie ein guter Kamerad der diesem Alter natürlichen Kräfte. Es ist klar, daß man den Menschen auch für die Zukunft kräftigt, wenn man so nicht g e g e n die Entwicklung, sondern m i t ihr handelt. Er kann sich dann eben auch naturgemäß entwickeln. Der Lehrer sollte ja gerade den natürlichen Prozessen im Kinde die größte Aufmerksamkeit schenken. Denn bei der engen Verbundenheit von Leib und Seele beim Kinde wird er mit allem, was er lehrend unternimmt, nicht nur auf die seelischen, sondern auch auf die leiblichen Funktionen des Kindes wirken. Die Leibesgestaltung ist ja beim schulpflichtigen Kinde schon veranlagt als das Geschenk der ersten Lebensjahre bis zum Zahnwechsel, das Wachstum aber schreitet fort. Dieses Wachstum vollzieht sich jedoch nach rhythmischen Gesetzmäßigkeiten. Die wunderbaren musikalischen Proportionen der menschlichen Gestalt lassen sich ja auch zahlenmäßig ausdrücken. Zusammen bilden sie ein harmonisches Ganzes. So wächst der Mensch nach musikalischen Rhythmen. Und er wächst hauptsächlich in seiner Schulzeit gewissermaßen in Gegenwart des Lehrers. Das kann der Lehrer beachten oder nicht. Dadurch aber kann er auch das gesunde Wachstum fördern oder hemmen. Sein Einfluß auch auf die körperliche Entwicklung ist viel größer als er geneigt ist, sich bewußt zu machen.

So bringt ihm die Entwicklung des Schulanfängers die plastische Bildekraft entgegen, die er ergreifen und mit der er wirken kann. Nicht nur indem er die Kinder sich bildend beschäftigen läßt, sondern indem er den ganzen Unterricht „gestaltet" und im Erzählen und Belehren sich immer an das bildhafte Vorstellungsvermögen des Kindes wendet. Was er vorträgt, muß durchgestaltet und bis in die Sprache hinein geformt sein, aus einem künstlerischen Empfinden heraus und ohne Affektion. Die musikalische Atmosphäre sollte die Schulstube erfüllen und die Kinder wie ein Hauch umschweben.

Die große Aufgabe der L e h r e r b i l d u n g müßte es ja sein, den zukünftigen Lehrer aus der Erstarrung wissenschaftlich-intellektueller Bildung zu erlösen und ihn zu einem schöpferischen freien Menschen zu machen, der Geistesgegenwart hat, dem im richtigen Augenblicke etwas „einfällt" und der künstlerisch gestalten kann, weil ihm das natürlich und Bedürfnis ist.

In den „Lehrerbildungskursen" der Waldorfschule in Stuttgart konnte man immer wieder bemerken, wie die Menschen, die daran teilnahmen und die Vertiefung ihrer Lehrerbildung oder ihrer allgemeinen Bildung suchten, zunächst oft im Zustand einer seelischen Verkrampfung waren. Wie sie starr und intellektuell abstrakt auf den Unterricht reagierten, der ihnen da zuteil wurde, wie sich das besonders in der Art der Fragen und Einwände äußerte. Sie verzweifelten daran, sich auf irgend einem Gebiet künstlerisch betätigen zu können, und erklärten sich für ganz „unkünstlerisch". Da aber ein großer und wesentlicher Teil dieser Lehrerbildungskurse, der Anregung Rudolf Steiners folgend, in künstlerischer Arbeit besteht, so können die Teilnehmer sich dem nicht entziehen. Sie malen, zeichnen, modellieren, musizieren, machen Eurythmie, Sprachgestaltung und Gymnastik. Und man konnte es oft wie ein Wunder anstaunen, wenn die seelischen Verkrampfungen sich lösten, die Gesichtszüge offener wurden, die Haltung sich entspannte und die ganze Art der Lebensauffassung sich änderte. Auch kamen dann manchmal ganz originelle und geniale Plastiken und Malereien zustande, wenn erst der Mut, sich loszulassen, gefunden war. Die Teilnehmer der Kurse sahen dann ein, daß es für die Lehrerbildung vor allem darauf ankommt, den Menschen „frei" zu machen. Frei wird er aber gerade durch die künstlerische Betätigung, die ihn von dem Zwang der Vernunft und dem der Natur in gleicher Weise erlöst, wie Schiller es so einzigartig in seinen Briefen über ästhetische Erziehung dargestellt hat.

Das W i s s e n , das man für den Unterricht nötig hat, wird man sich leicht aneignen können, die K u n s t aber, dieses Wissen zu gestalten und künstlerisch zu beherrschen, wie es doch für den Unterricht bei Kindern notwendig ist, kann man nicht in demselben Sinne „lernen", man muß üben und immer wieder üben und sich mit seinem ganzen Menschenwesen einsetzen.

Rudolf Steiner, als geistiger Leiter der Waldorfschule, legte den größten Wert darauf, daß die Lehrer viel Zeit zur Vorbereitung hätten. „Eine nicht vollendete Vorbereitung ist der größte Feind des Lehrers", sagte er.

Und worin besteht die Vorbereitung für den Schulunterricht? Darin, daß der Lehrer aus der Natur, aus der Beobachtung des Lebens, aus dem Gespräch mit Kollegen, die auf bestimmten Gebieten eine besondere Vorbildung haben, aus möglichst guten Quellenbüchern sich das grundlegende Wissen aneignet. Die üblichen Schulbücher können gerade diesem Zweck nicht dienen, denn auf Stil, Aufbau und künstlerische Gestaltung des Stoffes ist bei ihnen kein besonderer Wert gelegt. Das Kind vor der Geschlechtsreife ist aber kein kleiner Erwachsener, dem moderne Wissenschaft in popularisierter Form und „kindgemäßer" (wie das schöne Wort lautet) Ausdrucksweise beigebracht werden könnte. Man verkennt das Wesen des Kindes, wenn man das nicht berücksichtigt. Daher sollte der wesentliche Teil der Vorbereitung darin bestehen, das Wissen, das man sich angeeignet hat, künstlerisch zu gestalten und es so durchzubilden, daß es zur Anschauungskraft der Kinder spricht. Dazu verhilft am besten eigene künstlerische Betätigung auf irgend einem Gebiete, ohne daß dabei der Ehrgeiz da sein sollte, Kunstwerke hervorzubringen. Es handelt sich um das T u n als solches, nicht um den Erfolg.

IV. ÜBERGANG VOM SPIEL ZUR ARBEIT
IN DER SCHULZEIT

Man tut dem kleinen Kinde Unrecht, wenn man sein Spiel nicht ernst nimmt. Es ist ihm so ernst damit wie dem Erwachsenen mit seiner Arbeit. Seine Hingabe im Spiel kann grenzenlos sein. Es spielt aber um seiner selbst willen und stellt die Arbeit, die es dabei leistet, nicht in den Dienst des sozialen Lebens. Dazu muß der Mensch erzogen werden. Und zwar so, daß ihm die schöpferischen Kräfte, die im Spiele liegen, dabei bewahrt bleiben. Je lebendiger, je schöpferischer der Mensch ist, umso besser kann er seine Aufgaben im Dienste der Gemeinschaft erfüllen. Wenn ihm Frische, Begeisterung und Geistesgegenwart fehlen, kann er keine wirklichen Werte für seine Gemeinschaft schaffen. Es ist daher von unermeßlicher Bedeutung, daß man dem heranwachsenden Menschen diese Eigenschaften, die die natürlichen des gesunden spielenden Kindes sind, erhalte und sie bewußt pflege.

Wenn das vorschulpflichtige Kind malt, so ist es sein gutes Recht, daß es dabei seinen Einfällen folgt, pinselt und schmiert nach Herzenslust und sich der Freude an den Farben, an den Bewegungen des Pinsels und an den Formen, die daraus hervorgehen, ganz hingibt. Man sollte es dabei

119

auch frei seinen Trieben folgen lassen. Anders beim Schulkinde, etwa in den unteren Klassen. Es malt, weil es eine bestimmte Aufgabe bekommen hat, die es so gut wie möglich zu erfüllen hat; es soll etwa eine gelbe Fläche sorgfältig neben eine blaue setzen oder um rote Kreise eine grüne Fläche. Es malt, um etwas zu lernen, so wie es auch Klavier oder Geige übt, um etwas zu lernen. Den kindlichen Fähigkeiten entsprechend, soll ein „Können" erreicht werden. Die Kinder müssen sich anstrengen, müssen üben, immer wieder üben. Und obwohl die Kinder die größte Freude am Malen haben und es mit Jubel begrüßen, wenn die Malbretter, Pinsel, Farbtöpfe und Wasserkrüge hervorgeholt werden, so wissen sie doch, daß es sich dabei nicht um Spiel und Spielerei handelt, sondern um ernste Arbeit. Ist es schlimm, wenn Kinder sich an ihrer Arbeit freuen? Wenn sie dabei nur gewissenhaft arbeiten und sich beim Schaffen anstrengen, wie einst beim Spiel, so sollten keine Einwände erhoben werden können, wenn der gesamte Anfangsunterricht auf die malerisch-plastische Betätigung einerseits, die rhythmisch-lyrische andererseits aufgebaut ist.

*

Es ist philiströs und seelenertötend, wenn schon die Kinder gezwungen werden, bei ihrem Tun mehr auf den intellektuellen Sinn und die „Bedeutung" als auf die schöpferische Tätigkeit selber zu sehen.

Das S p r e c h e n z. B. ist eine solche schöpferische Tätigkeit im wahrsten Sinne des Wortes. Da werden durch das Instrument des Kehlkopfes, des Gaumens, der Zunge, Zähne,

Lippen und der Luft Laute gestaltet. Kinder müssen empfinden, wie sie da tätig sind, wenn sie das Wort gestalten,
und sie müssen Ehrfurcht vor diesem menschlich-schöpferi-
schen Tun empfinden. Kleinen Kindern, die gerade sprechen
gelernt haben, ist es selbstverständlich, Freude an der Tätigkeit des Sprechens als solcher zu haben. Mit welcher Begeisterung wiederholen sie jeden Laut, jedes Wort! Wie lachen
sie über Lautverbindungen, deren Klang ihnen seltsam vorkommt!

Zwei kleine Buben, die in einem Vorort von Berlin
wohnten und manchmal in die Stadt gebracht wurden,
konnten sich nicht genug tun, die Namen der Stadtbahn-
höfe, durch die sie fuhren, zu wiederholen und sie gleichsam
auf der Zunge umzudrehen wie ein herrlich schmeckendes
Bonbon. Was war da „Rummelsburg" für ein geheimnis-
voller, tiefer Klang! Wie konnte man „Alexanderplatz"
von den Lippen springen lassen! Die Worte wurden durchaus ihrem Klangeswert nach genommen, der eine erheiternde
oder bedrückende Wirkung hatte. Bei kleinen Kindern ist
auch die Freude an unanständigen Worten, die die Eltern
oft so besorgt macht, Begeisterung über die selten gehörten
und oft sehr wirkungsvollen Klänge — und der Spaß an
dem ausgesprochenen Entsetzen der Erwachsenen.

Wie schön sind die Verslein in des Knaben Wunderhorn,
und wie wenig beruht ihre Schönheit auf dem „Sinn". Gerade im Gegenteil: je mehr Unsinn, umso lustiger! Dabei
welcher Rhythmus und welche lautliche Schönheit und
Klangmalerei:

„So geht es im Schnützeputzhäusel,
da singen und tanzen die Mäusel" usw.

„Schnützeputzhäusel" ist ein wunderbares Kinderwort, an dem sich viel erleben läßt. Jean Paul genoß als Kind die Worte „Weltweisheit" und „Morgenland", mit denen er noch keinen intellektuellen Sinn verbinden konnte, doch vermittelte ihm der Klang eine geheimnisvoll ergreifende Ahnung. Solche Worte haben für Kinder eine Aura. Es ist, als ob sie die Klänge nicht nur hören, sondern auch schmecken und leuchten sehen würden.

Gerade dieses Unintellektuelle an der Sprache sollte in der ersten Schulzeit besonders gepflegt werden. Ein Gedicht ist da wertvoll weniger durch den Inhalt, den die Kinder erst später ganz verstehen lernen, als durch seine künstlerische Gestaltung, durch seinen Rhythmus, sein Klingen, seine Musikalität. Die Kinder empfinden das Hellstrahlende im A, das Dunkle, Furchterregende im U, das Scharfe, Spitzige im I, das Abweisende im E, das Verwunderung Weckende im O. Sie verbinden sich durch ihr Fühlen mit den Lauten. Dazu ist Eurythmie die allerbeste Hilfe. Sie als bewegte Sprache ist ja gerade den beweglichen Kindern besonders angemessen.

Oft wird heute die Forderung gestellt, der Materialismus müsse überwunden werden. Er wird gewiß nicht überwunden werden, wenn schon die kleinen Kinder in der Schule zu innerer Passivität verurteilt werden. Keine körperliche Übung kann die innere Regsamkeit ersetzen. Kinder müssen doch erleben, wie ihr geistiges Wesen in der Sprachgestaltung tätig ist, wie sie da selber fortwährend schaffende Wesen sind. Daß die Lautverbindung „Kopf" jenes runde Etwas auf den Schultern „bedeutet", kann nur hingenommen werden ohne besonderes Interesse. Daß man aber das harte K hervorstoßen kann und dabei etwas von der Härte des Schädels erfühlen, daß man im O sich über die Rundung dieses Körperteils wundern und es staunend aussprechen kann, daß man das Pf hervorsprudeln kann, dabei erlebend, wie dieser „Kopf" durch den Mund seine Weisheit in die Außenwelt hinauswirft, d a s verlangt Tätigkeit, innerliches Dabeisein, lebhafte Aufmerksamkeit des ganzen Menschen. Und Ehrfurcht davor, daß der Mensch in einem Teile seines Wesens noch selbst ein Schöpfer sein darf.

Auch die Buchstaben sollten erst in ihrer bildhaften Form empfunden und gestaltet werden, ehe man sie als Zeichen erfaßt für einen Sinn, der durch sie zum Ausdruck kommt. Man kann sich die interessante Frage vorlegen, warum schmieren Gymnasiasten meistens, so daß ihre Schrift bereits schwer leserlich ist, und warum schreiben Volksschüler viel öfters wenn nicht schön — aber das liegt an der Art, wie ihnen das Schreiben beigebracht wird — so doch sorgfältig? Weil Gymnasiasten längst „begriffen" haben, daß die Schrift nur den Zweck hat, einen intellektuellen Inhalt wiederzugeben. Sie vergessen über dem Inhalt ihrer Aufsätze vollständig die Form der Buchstaben. Während Volksschüler meist weniger intellektuell und mehr willenshaft veranlagt sind und ihnen daher das, was sie t u n , indem sie schreiben, nämlich „formen", wichtiger ist oder ebenso wichtig, wie der Inhalt, der sich in diesen Formen ausdrückt.

Für jüngere Kinder ist es aber wichtig, daß sie im Schaffen leben und mit ihren Augen verfolgen, wie sie einen Buchstaben als eine Formbildung gestalten. Zugleich sollte das Bild des Buchstabens ihre Phantasie anregen, damit sie sich ganz mit dem, was sie im Schreiben tun, verbinden können, und es nicht nur eine Tätigkeit ist, wo die Hand ganz unbeachtet möglichst schnell dem Gedanken des Kopfes folgt.

In den Schriften der Waldorfschulpädagogik sind viele Beispiele für die Methode des Schreibenlernens gegeben worden. Hier schafft die Phantasie des Lehrers frei, um die des Kindes anzuregen, und jeder Lehrer findet wieder von neuem die Bilder, die ihm geeignet scheinen, die Buchstaben den Herzen der Kinder nahe zu bringen. Hier sei nur auf das charakteristische W hingewiesen, dessen Form als Antiqua-Buchstabe sich so schön aus dem Bild der vom Wind bewegten Wellen und Wogen ableiten läßt.

Auch hier handelt es sich in gar keiner Weise um Spielereien, sondern um die sehr ernste Aufgabe, die lebensvollen Kräfte im Kinde nicht verkümmern zu lassen durch eine abstrakte, nur die Gescheitheit ansprechende Art, das Schreiben und Lesen zu lehren. Alle diese Einzelheiten sind wesentlicher, als man vielleicht denken möchte, und die Art und Weise, wie ein Kind schreiben und lesen lernt, kann durchaus bestimmend für die fruchtbare oder gehemmte Entwicklung seiner Lebens- und Seelenkräfte in der Zukunft sein.

Für die gesunde Seelenbildung des werdenden Menschen ist es auch bedeutungsvoll, wie er F a r b e n und T ö n e erleben lernt. Im Musikalischen ist ja die Menschheit heute noch am wenigsten materialistisch, und Töne werden um ihrer selbst willen erlebt, nicht weil sie etwas „bedeuten" — etwa Waldesrauschen oder Bachgeriesel. Das wird doch mehr oder weniger unmusikalisch empfunden und abgelehnt. Eine so geistgemäße Gesinnung hat man dem Malerischen gegenüber noch nicht, da verlangt man, daß die Farben in ihrer Zusammenstellung etwas bedeuten, oder darstellen, eine Landschaft, ein Porträt, ein Stilleben usw.

Für die Erziehung des Kindes, von der hier gesprochen wird, ist es aber gerade zur Überwindung des einseitigen Intellektualismus notwendig, daß es die Farben in ihrer schöpferischen Eigenart erleben lernt und sie nicht einfach „benutzt", um ein Dach rot, einen Frosch grün, den Himmel blau anzustreichen. Es ist ja diesen, dem Geiste noch verbundenen kleinen Wesen selbstverständlich zu erleben, daß das Gelb strahlt, das Rot tätlich werden will und auf einen zukommt, das Blau sich zurückzieht, kurz, daß alle Farben etwas t u n. Goethes Farbenlehre verhilft dem Erzieher zum Verständnis der Eigenart der Farben. Er lernt sie als warm und kalt, dur- und mollhaft empfinden. Er erlebt den qualitativen Eindruck, den die Farbzusammenstellungen in ihren Konsonanzen und Dissonanzen auf ihn machen. Rudolf Steiner hat die neue Farbenlehre fortgesetzt und sie aus seiner Geisteswissenschaft heraus begründet.

Die Kinder lernen allmählich Respekt zu bekommen vor der Eigentätigkeit jeder Farbe, und das bewahrt sie vor einem bloß subjektiven Expressionismus, bewahrt sie aber zugleich vor der Philistrosität, die Farbe nur als Diener der Gegenstände, die sie zu „bekleiden" haben, anzusehen. Sie gewinnen eine herzliche, künstlerische Beziehung zu der Welt der Farben.

In einer sehr modernen Lesefibel einer Großstadt war
ein Rosenbäumchen dargestellt und eine Beschreibung dazu
gegeben. Diese schildert in kindlicher Ausdrucksweise und
kurzen überschaubaren Sätzlein, wie so ein Bäumchen aus-
sieht: Stamm, Zweige, Blatt, Dornen, Knospe, Blüte, Hage-
butte usw. Im übrigen führt die Fibel das Kind in das all-
tägliche Leben der Großstadt ein, schildert Einkäufe, häus-
liche Beschäftigungen (der Vater ist dargestellt, wie er müde
von der Arbeit auf dem Sofa liegt, Pfeife raucht und die
Zeitung liest), einen Verkehrsunfall auf der Straße, der
auch mit allen Einzelheiten, Sanitätern, Bahren usw. auf
einem farbigen Bilde wiedergegeben ist. Die Fibel, die übrigens mit großer Sorgfalt und nach modernsten pädagogischen Grundsätzen zusammengestellt ist, zeigt deutlich die
Gefahr des Anschauungsunterrichtes, die darin besteht, daß
dieser Unterricht nur allzu leicht trivial und unkünstlerisch
wird, daß auch die Bilder in den Fibeln und auf den An-
schauungstafeln unkünstlerisch sind und außerdem für die
Kinder etwas Fixiertes und Starres haben. Obwohl die
Fortschritte, die auf diesem Gebiet gemacht worden sind,
durchaus anerkannt werden sollen.

Aber das Kind ist selbst ein Werdendes, und was ihm
vorgeführt wird, entspricht seinem Wesen am besten, wenn
es auch ein noch nicht Vollendetes, Werdendes ist. Ein Lehrer kann ungeschickt sein, aber wenn er auch nur in primitiver Weise ein Bild vor den Kindern auf der Tafel e n t -
s t e h e n läßt, so ist das für die Kinder wertvoller, als
das schöne abgeschlossene Bild, an dem sich nichts mehr

ändern läßt. Beim Entstehen der primitiven Zeichnung sind sie dabei, sie erleben mit, sehen wie es „wird". Schon das wirkt außerordentlich anregend auf die kindliche Phantasie. Es ist entzückend, ihre Spannung dabei zu erleben. Kinder sind nicht ästhetische Genießer wie Erwachsene, sie wollen immer selber tätig sein, mitschaffen, miterleben.

Und es muß ja festgehalten werden, daß das Primitive nicht unkünstlerisch zu sein braucht, sondern gerade künstlerisch wirken kann. Wie könnte man sonst von primitiver Kunst sprechen!

Zeichne ich als Lehrer ein Blümchen auf die Tafel und gebe ihm einen kleinen, lichten Heiligenschein von zartem Gelb um seine Blüte, so deute ich damit etwas an, was ich zwar s o auf der Wiese nicht sehe, was aber das Kind unmittelbar versteht. Denn so erlebt es die Blüte. Der zarte Heiligenschein ist Ausdruck kindlichen Erlebens. Es empfindet ihn webend um die Blüte, wenn es ihn auch nicht mit physischen Augen sieht. Das Seelenauge schaut die Blüte so. Male ich den gierigen Wolf in Zinnoberrot, so verstehen mich wieder die Kinder, denn diese Farbe entspricht für ihr Empfinden dem Wesen des Wolfes. Und will ich realistisch bleiben und ihm ein graubraunes Fell geben, dann muß wenigstens eine lange feurig-rote Zunge, die aus dem geöffneten Rachen flammt, die Gier zum Ausdruck bringen. Eine Zeichnung oder Malerei, die nur wiedergibt, was das Auge des Erwachsenen sieht, ist in einem höheren Sinne unwahr für die Kinder, die eben noch so ganz anders wahrnehmen. Rudolf Steiner hat darauf aufmerksam gemacht, daß der Säugling die Süße der Muttermilch nicht nur mit seiner Zunge schmeckt; sondern sein ganzer Organismus bis in die kleine Zehe hinein wird von der Seligkeit des Schmeckens durchdrungen. So erleben jüngere Kinder mit ihrem ganzen Menschenwesen. Die Augen strahlen, sie klatschen in die Hände, tanzen und springen (selbst die Zunge tanzt mit), ja sie zittern vor Freude, wenn sie etwas wahrnehmen, was sie unmittelbar berührt, sei es ein kleines Reh im Walde, der Weihnachtsbaum, ein Schaufenster mit Spielsachen usw. Sinneswahrnehmungen rufen bei jüngeren Kindern Vorstellungen hervor, die ganz durchpulst sind von Begehrungen, von „fühlendem Wollen".

Dieses „Mehr an Eindruck", das willenshaften Charakter trägt, darf auch beim Anschauungsunterricht nicht aus den Augen gelassen werden, denn der Erwachsene kann dabei ja nicht von seiner eigenen Art des Anschauens ausgehen.

Dadurch, daß ihr Bewußtsein zwar dumpf, doch umfassend ist, tragen Kinder Fragen in ihrer Seele, auf deren Beantwortung die Erwachsenen oft schon verzichtet haben. Es ist daher nicht richtig, sie im Unterricht n u r im Leben des Alltags zu lassen, das sie gewöhnlich so gut kennen; manchmal kennen sie es ja leider viel besser als selbst der Lehrer oder die Lehrerin.

Des Kindes Seele kommt aber aus Welten, mit denen sie unterbewußt noch verbunden bleibt und von denen sie immer wieder hören möchte. Darum wird das Kind immer dankbar sein, wenn man ihm von dieser Welt erzählt, einer Welt, in der das Moralische von dem Naturhaften nicht getrennt ist, wo die Menschenseele mit göttlichen Wesenheiten lebt, deren gütiges Tun sie nachahmen darf. Und das haben die kleinen Kinder aus dieser Welt mitgebracht, daß

128

sie zunächst die Welt um sich herum — auch ihre Pfleger und Erzieher — als gut und nachahmenswert empfinden. Für sie ist die ganze Welt moralisch durchdrungen, obwohl sie das nicht so aussprechen könnten. Sie erleben sie aber von diesem gleichsam kosmischen Gesichtspunkte aus. Sie verstehen es, daß die Sterne gütig sind und uns ihre Abbilder in den Blumen geschenkt haben. Sie verstehen es, daß das Veilchen zwar schüchtern und bescheiden, aber doch auch ein bißchen eitel ist, es guckt zwischen seinen grünen Blättchen hervor und läßt sich gerne finden. Es ist ihnen selbstverständlich, den tapferen Schäferhund zu verehren und zu loben, das Schoßhündchen als faul und bequem zu tadeln und zu verachten. Daß die Blumen von der Mutter Sonne geliebt werden, der sie ihre Blüte öffnen, ist ihnen natürlich, ebenso, daß sie, von dem wilden Sturm umtost, auf ihren Stengeln ängstlich zittern.

Und so — „moralisch-phantasievoll" nannte es Rudolf Steiner — sollte ihnen die ganze Umwelt ins Bewußtsein gehoben werden, weil sie dafür ein unmittelbares Verständnis des Herzens haben. Aber — es darf nie in sentimentaler Weise geschehen. Es kann nur geschehen, wenn der Erzieher durch seine Liebe zur Natur, durch seine Vertiefung in sie und durch seine künstlerische Anschauung den Dichter in sich zum Leben gebracht hat. Dichten bedeutet ja nicht phantasieren und unwahre Dinge mit dichterischer Freiheit behaupten, sondern „geheime Naturgesetze" zur Offenbarung bringen, die ohne künstlerische Anschauung nie zu Bewußtsein gekommen wären. Es heißt tiefer in das Wesen der Natur eindringen und bewußt dort leben, wo die Kinder unbewußt leben.

„Schaut euch nur mal die Tanne an, wie sie fest im Boden wurzelt, mit ihren starken Wurzeln, über die ihr vielleicht schon mal gestolpert seid. Aber schaut, wie sie hinaufstrebt zum Himmel, weg von der Erde, hoch bis in die Wolken hinein, die um die Berggipfel ziehen und in den Tannenwipfeln hängen. Schaut nur, wie sie ihre alleroberesten Zweige zum Himmel biegt, als wenn sie sie zum Beten falten wollte.

Aber Tanne, bist du denn nicht aus der Erde entsprossen, willst du denn ganz fort von ihr streben, du mußt sie doch liebhaben, sie läßt dich ja fest stehen, daß der Sturm dich nicht entwurzeln kann, daß du nach oben zu den Sternen hinauf wachsen kannst', so flüstern Steine, Pflänzchen und Tierlein, die sich an die Erde schmiegen. Da — senkt die Tanne ihre Zweige ein ganz klein wenig. Jetzt fühlt sie, daß sie nicht nur hinauf zu den Sternen weisen möchte, daß sie auch die Mutter Erde lieben muß. Und sie sehnt sich nach ihr. Und immer tiefer senkt sie ihre Zweige, bis die letzten die dunkle Erde berühren und sie streicheln. Da freuen sich die Hasen, die unter den Zweigen durchschlüpfen, und das Reh, das seine Lagerstätte unter ihnen bereitet, und das Moos, das sich an ihre Wurzeln schmiegt und sich über den kühlen Schatten freut."

Und von der Lerche kann man in ähnlicher Weise erzählen. Sie hat ja auch das Sehnen der Tanne nach den Höhen, hoch fliegt sie in den Himmel hinein, immer höher, immer höher. Jetzt ist sie im fernen Blau verschwunden. Da hört sie wohl die Engel singen — wenn sie es von ihnen nicht lernte, woher könnte sie sonst wohl so himmlisch singen? Ob sie wohl da oben bei den Engeln bleibt und die arme Erde ganz vergißt? Nein, das tut sie nicht, da kommt sie zurück! Wo mag sie nur ihr Nest haben? Gewiß auf einem ganz hohen Baum, wo sie den Himmel und den Gestirnen nahe ist. Nein, sie senkt sich tiefer herab und verschwindet in der Ackerfurche. So lieb hat sie die Erde, sie will nicht über ihr in Büschen oder auf Bäumen wohnen, sondern ganz nahe an der Brust der Mutter Erde. Die Maulwürfe, die Regenwürmer und die Grillen wundern sich darüber. Sie können nicht fliegen, und sie fürchten immer, daß die Lerche nicht zu ihnen zurückkommen möchte aus jenem Reich, das sie nie kennenlernen können. Aber da ist sie wieder, und aus ihrem Gesang hören sie staunend von göttlichen Welten, von Sternen und Engeln und himmlischen Klängen. Ja, die Lerche ist ein Bote des Himmels für die dunkle Erde und ihre Bewohner. Wir können es auch vernehmen, wenn wir ganz still ihrem Singen an einem Frühlingstage lauschen. Das ist schön von der Lerche, aber so ist es auch mit uns Menschen. Wenn auch unsere Seelen nach dem Tode in dem schönen Himmel und bei den Engeln sind, so vergessen wir unsere Mutter Erde doch nicht und behalten sie immer lieb.

Die Kinder können mit solchen Bildern sinnen und leben. Sie sind, indem sie ihnen ihre Umwelt ins Bewußtsein heben, zugleich Gleichnisse höherer übersinnlicher Tatsachen. Sie können das religiöse Leben wecken, entfalten und pflegen. Als Gleichnisse können sie auch bei älteren Kindern immer wieder aufgegriffen, vertieft und fortgeführt werden. Doch nie in dogmatischer, immer in künstlerischer Weise. Indem es erzieht und bildet, läßt das künstlerische Bild doch frei, während die dogmatische Form der

Belehrung den Keim der Freiheit in der kindlichen Seele nicht respektiert.

„Alles Vergängliche ist nur ein Gleichnis" — Gleichnis eines höheren Unvergänglichen. Dies macht notwendig, daß die Kinder, deren Seelen aus diesem höheren Unvergänglichen heraus geboren sind, das Vergängliche auch zunächst als Gleichnis des Unvergänglichen kennen lernen. So wird es von ihrer Natur gefordert. Diese Aufgabe kann aber nur ein künstlerischer Sinn lösen.

Märchen

„Soll man den Kindern Märchen erzählen oder sie Märchen lesen lassen?" ist eine oft gestellte Frage. Sie kann nur beantwortet werden, wenn man sowohl das Wesen des Kindes wie das des Märchens durchschaut. Dann wird man erst wissen, ob die beiden zueinander passen.*

Rudolf Steiner hat in seinen Mysterien-Dramen eine Gestalt geschildert, den Professor für Geschichte Capesius. Dieser erlebt von Zeit zu Zeit eine seelische Leere, die ihn unfähig zu produktiver Arbeit macht. Er fühlt sich geistig wie ausgetrocknet. Dann geht er ins Hochgebirge zu einer älteren Frau, der Frau Balde, die die Fähigkeit hat, ihr Erleben der Elementarwesenheiten in Märchen zu verwandeln. Wenn er sich ein solches Märchen angehört hat, fühlt

---

* Die wesentlichsten Ausführungen über das Märchen verdanken wir Rudolf Steiner (gedruckt in der Zeitschrift „Menschenschule", März/Aprilheft 1938). Auf dieser Grundlage ist ein ausgezeichnetes Buch erschienen: „Märchenweisheit" von Rudolf Meyer; Verlag Urachhaus Stuttgart, 1935.

er sich seelisch erfrischt und belebt, und der Born der eigenen wissenschaftlichen Phantasie fängt wieder an zu quellen.

Ähnliche Entdeckungen können viele Menschen in sich selber machen. Wenn sie von der Tagesarbeit ermattet und wie ausgehöhlt sind, kann in ihnen ein inneres Weben und Dichten beginnen, das träumerisch ist, fast unbewußt bleibt und doch erfrischt. Was sonst sich nur im Traume begibt, geschieht dann in einem Zustand, der zwischen Wachen und Schlafen liegt. Wie unwillkürlich tauchen innere Bilder auf, stellen sich zueinander, sprechen miteinander und versetzen die Seele in den Zustand des wachenden Träumens. Man kann diesen Zustand auch erleben vor dem Einschlafen oder gleich nach dem Aufwachen, wo der Mensch über seine Vorstellungen keine Gewalt mehr hat, Träume sich noch im Wachen anspinnen oder aus dem Schlaf fortsetzen.

Andererseits greift man im Zustand der seelischen Ermüdung vielleicht auch gern zu Märchen und überläßt sich ihrer Bilderreihe, die wie der Traum mit der alltäglichen Wirklichkeit nichts zu tun hat. Das Belebende an den Märchen ist weniger der Verlauf der Geschichte als solcher als die Aufeinanderfolge der Bilder. Die Bilder sprechen zur Seele und regen verborgene Kräfte an. Sie stammen aus jenem Seelenzustand zwischen Wachen und Schlafen, der in älteren Zeiten der Menschheitsentwicklung viel ausgesprochener war als heute, wo nur noch mehr oder weniger atavistische Reste davon vorhanden sind. Damals offenbarten sich in diesen Bildern Wahrheiten der Welt- und Menschheitsentwicklung — nicht in der großartigen und umfassenden Weise der Mythologie, sondern schlicht und kindlich, manchmal sogar grotesk und komisch.

In vielen Märchen wird der Herabstieg der Seele aus göttlich-geistigen Welten in die Erdenwelt mit all dem, was dessen traurige und beklagenswerte Folgen sind, in Bildern dargestellt, die mehr verschleiern als enthüllen. Wenn uns die Bibel in feierlicher Weise vom Sündenfall und vom Essen der verbotenen Frucht erzählt, so berichtet uns das Märchen dasselbe auf seine harmlose Weise. (Märchen vom Borstentierchen in der Sammlung „Deutsche Märchen seit Grimm".) Da ist das Königssöhnlein, das bei der Mutter spielt, welche Äpfel schält und ihm verboten hat, davon zu essen. Er sucht sich aber die Äpfelschalen und ißt sie. Da muß er das Königreich, seine Heimat verlassen. Er verliert seine göttlich-menschliche Gestalt, die Gestalt des Paradiesmenschen, und wird ein „Borstentierchen". Er findet sich wieder im „Wald", der im Märchen ebenso wie in Dantes Göttlicher Komödie das Zwischenreich zwischen irdischer und geistiger Welt zum Ausdruck bringt. Er wird das Kind armer Leute. Aber die Erinnerungen der königlichen Heimat verschwinden nicht ganz. Herangereift will das Borstentierchen die Königstochter heiraten. Es will sich mit seiner wahren Seele vereinen. Es bezeugt seine göttliche Herkunft, indem es — dies sind die Aufgaben, deren Erfüllung ihm die Hand der Königstochter sichert — in der ersten Nacht ein silbernes Schloß, in der zweiten ein goldenes und in der dritten Nacht eine diamantene Brücke zwischen beiden baut. Denn das Märchen weiß ganz genau, daß der Mensch, in der Nacht aus seiner tierisch-menschlichen Erdgestalt erlöst, sein wahres Wesen in die Sternenwelt ausbreitet, durch Mond, Sonne und Sterne schreitet und vieles vermag, wovon er sich im Leben des Alltags

134

nichts träumen läßt. Die Königstochter entdeckt in der Brautnacht, daß das „Borstentier" ein wahrer Mensch ist, denn es wirft die Hülle ab und erscheint als der schönste Jüngling. Am Morgen springt er wieder in seine Hülle, vereinigt sich mit der Schweineherde, die der Hirte auf die Weide treibt. Der Gemahlin hat er Schweigen über sein wahres Wesen auferlegt und sie gebeten, zu warten, bis die Zeit ihm die Erlösung bringen wird. Aber — sie kann weder schweigen noch warten. Sie vertraut sich ihrer Mutter an und wirft auf deren Rat die Hülle des Borstentieres in der Nacht ins Feuer. Dadurch aber hat sie die Erlösung verfrüht.

Es ist ein sehr feiner Zug im Märchen, daß der Mensch seine Erdenprüfung nicht beliebig abbrechen kann, sondern der eigenen Entwicklung und den erlösenden Mächten die notwendige Zeit lassen muß.

Er, der der Seele wahres geistiges Wesen ist, verschwindet ans „Ende der Welt". Er ist auf unrechtmäßige Weise Bürger der geistigen Welt geworden und soll nun die falsche Königstochter vom Weltende heiraten. Er hat eine falsche Beziehung zur geistigen Welt erlangt. Seine wahre Gemahlin, die Erdenseele, geht ihn suchen. Sie findet ihn nirgends, wandert sieben lange Jahre, zerreißt sieben Paar Schuhe, sieben Kleider, verzehrt sieben Laib Brot. Dann wendet sie sich bittend an die Elemente und die Gestirne. Die sind gütig und helfen ihr. Der Wind trägt sie zum Mond, der Mond zur Sonne, die Sonne fährt sie in ihrem Wagen zum Abendstern. Alle machen ihr Geschenke, die Gestirne je eine Nuß, der Wind ein Mäuschen. Der Abendstern rudert sie in seinem Boot über den Ozean zum Weltende. Da trifft sie den Gemahl, der sie aber nicht erkennt und gerade Hochzeit mit der falschen Braut halten soll. A l l e s muß die Seele opfern, was ihr die Elemente und die Gestirne geschenkt haben: das silberglänzende Kleid des Mondes, das goldschimmernde der Sonne und das sternenflimmernde des Abendsternes, die sich aus den Nüssen entfalten. Ganz arm und bloß vermag sie schließlich den Gemahl zu wecken (das Mäuschen, das Geschenk des Windes, beißt ihn ins Ohr), so daß er sie erkennt. Zusammen treten sie nun den Rückweg zur Erde an. Der Abendstern fährt sie über das Weltenmeer. In seiner Hütte schenkt ihnen Gott das Kind mit dem Stern auf der Stirn, die Augen leuchtend wie der Mond, das Haar schimmernd wie Sonnenstrahlen, das göttliche Kind, das Bild des höheren Selbstes, geboren aus der Erdenseele, die befruchtet ist vom Geistgemahl. Der Sonnenwagen führt sie zum Mond, der Mond bringt sie zum Winde, der Wind trägt sie zur Erde zurück, wo der Gemahl sein Reich empfängt, in welchem er als König walten soll.

Die Entwicklung der Menschheit, ihr Absturz und ihre Erlösung, ihre Verbindung mit dem Kosmos als der Weltenheimat, ihre Verpflichtung der Erde gegenüber, zu der die Menschenseelen aus Sternenwelten immer wieder zurückkehren — alles ist in diesem wunderbaren Märchen verborgen, und durch seine Bilder schimmert es hindurch.

Phantasie wirkt da als gestaltende Macht, aber so, daß durch die Imagination, die sie schafft, objektive Weisheit sich offenbart. Selbstverständlich gilt das nicht für jeden Zug des Märchens, das ja auch eine Entwicklung durchgemacht hat, durch die manche Einzelheit getrübt und entstellt worden ist. Auch kann es sich nie um intellektuelle Deutung handeln, durch die man nur den farbigen Schmelz von den Flügeln des Schmetterlings streifen würde.

Der Erzieher kann sich nun immer und immer wieder in die Märchenbücher vertiefen und auf das lauschen, was sie ihm zuraunen. Je künstlerischer er sich selber zum Märchen verhält, je weniger er spintisiert und deutet, um so wirksamer wird er erzählen können. Alles kommt ja beim Märchenerzählen auf die Einstellung und Stimmung des Erzählers an. Die Kinder folgen ihm gern in jene Geistgebiete, in denen die Märchen spielen. Wenn ihnen die Märchen aus Einsicht in ihr Wesen erzählt werden, dann verwechseln sie nicht die „Stiefmutter", die die Seele empfängt, wenn sie die schützende Weltenmutter verlassen hat auf ihrem Abstieg zur stiefmütterlichen Erde, wo sie nun Disteln und Dornen bauen und allen Jammer und alles Elend der Welt erleben muß — mit der irdischen Stiefmutter, die die beste Mutter sein kann ohne jedes Merkmal einer Märchenstiefmutter. Sie wissen dann, daß man den Hexen nicht im Alltag begegnet, ebenso wenig wie den sprechenden Tieren, den Zauberern, den Riesen und Zwergen usw., und daß dennoch „wahr" ist, was ihnen erzählt wird. Es ist deshalb völliges Unverständnis des Märchens sowohl wie der Kindesseele, wenn man das Märchen vom Rotkäppchen so erzählt, daß der Wolf weder Rotkäppchen noch Großmutter frißt, sondern auf eine höchst anständige Weise mit ihnen und dem Jäger Wein und Kuchen verzehrt (wie es in einem englischen Märchenbuch für Kinder dargestellt wird). Der tiefe Sinn des Märchens ist dadurch totgemacht, und der in menschlicher Gesellschaft manierlich speisende Wolf ist zwar nicht mehr grausam, daher aber erst recht ganz unwahrscheinlich und töricht.

Wenn Kinder zweifeln und fragen: „Ist das auch wahr?", so sollte sich erst der Erzähler selber prüfen, ob er sich mit der im Märchen verborgenen Wahrheit genügend verbunden hat. In gesunden Kindern lebt die Bereitschaft zum Märchen, denn ihre Art ist seinem Wesen verwandt. Sind sie doch selbst noch nicht zu dem intellektuellen, wachen Bewußtsein der Erwachsenen gereift, denen die Wahrnehmung der Sinne jede Wirklichkeit vermittelt, die sie zur Grundlage ihres Nachdenkens machen. Aus seiner ganzen Art der Sinneswahrnehmung geht noch hervor, daß das Kind es versteht, wie der Löwe ein verzauberter Prinz ist, denn irgendwie erfaßt es noch etwas von jener Geistigkeit, aus der die Erdengeschöpfe hervorgegangen sind, die in ihnen wirkt, ohne ganz in ihnen aufzugehen. Das Verzaubertsein der Dinge ist dem Gemüt des Kindes durchaus verständlich. Empfindet es sich doch selbst oft wie verzaubert, wie entfernt von der wahren Welt, aus der es stammt.

Goldglänzendes, Silberschimmerndes, Leuchtendes, Spiegelndes, alles das macht einen besonders tiefen Eindruck auf das empfängliche Kind. Warum? Es fühlt sich berührt vom Glanze seiner Urheimat, an die es sich dumpf erinnert. Solche dumpf erlebten Erinnerungen schimmern auch durch den Goldgrund der Mosaiken und der alten Bilder. Von solchen bildhaften Erinnerungen lebt das Märchen, in ihnen webt die kindliche Seele. Deswegen gehören beide zueinander.

V. VOM RHYTHMUS IM LEBEN DES KINDES
UND VON DER ERZIEHUNG ZUM RELIGIÖSEN
FÜHLEN

Wesentlich für alles Lebendige in der Welt ist der Rhythmus. Wir beobachten ihn an der Pflanze, die mit dem Rhythmus des Jahres entsteht und vergeht, die sich in ihrem Wachstum rhythmisch zusammenzieht und entfaltet, deren Blattansätze, deren Kelch-, Blütenblätter und Staubfäden nach bestimmten Rhythmen zahlenmäßig geordnet sind. Wir beobachten Rhythmus im Aufbau des tierischen und menschlichen Organismus. Wir bewundern die musikalisch wirkenden Proportionen der menschlichen Gestalt, z. B. an Schulterblatt, Oberarm, Unterarm, Hand- und Fingergliedern, die zueinander in gesetzmäßigen, zahlenmäßig zu bestimmenden Verhältnissen stehen. Und wir wissen, daß alle organischen Prozesse rhythmisch verlaufen. Sie folgen den Rhythmen von Tag und Nacht, von Morgen, Mittag und Abend, von Frühling, Sommer, Herbst und Winter. Der Mensch hat gelernt, sich ihnen teilweise zu entziehen. Er kann in der Nacht wachen, am Tage schlafen, die Nahrung in willkürlichen Abständen zu sich nehmen, sich im Sommer im Zimmer verschließen, im Winter sich in der freien Natur bewegen usw. usw.

Das Kind kann das nicht in derselben Weise, es bedarf des Rhythmus, und es verlangt nach ihm. Sein Organismus will stets zur selben Zeit die Nahrung aufnehmen, zu denselben Stunden schlafen und wachen. Je rhythmischer das Leben des kleinen Kindes in dieser Beziehung verläuft, um so gesünder ist es. Aber das Kind, dessen Seelenleben so eng an das organische Leben gebunden ist, verlangt auch, daß ihm die seelische Nahrung rhythmisch gereicht werde, daß es auch sein Spielen und Lernen in den Rhythmus des Tages eingeordnet erleben könne. Unendlich wichtig wäre es, wenn die Erzieher dies einsehen und sich danach richten würden. Am glücklichsten sind diejenigen Kinder, die in einem friedlich geordneten Familienleben aufwachsen, in dem sich alle auf das Kind bezüglichen Lebensrhythmen pünktlich vollziehen. Jede Willkür stört die sich leise aus dem Organismus entfaltende Seelenfähigkeit des Kindes, jede unpedantische Ordnung schützt und pflegt sie. So ist es günstig für die Willensbildung des Kindes, wenn es täglich kleine Aufgaben zu erfüllen hat: Staubwischen, Blumengießen, Schuhputzen, das Bett auseinanderlegen usw. Diese Aufgaben sollten aber jeden Tag möglichst zur gleichen Zeit erfüllt werden können. Nichts macht das Kind ungezogener und nervöser als Willkür der Erwachsenen, wenn es z. B. hingegeben spielt und auf einmal weggerufen wird, um irgend eine Aufgabe zu erfüllen, die der Mutter gerade eingefallen ist. Ebenso ist es mit Schularbeiten. Ist eine bestimmte Zeit für diese festgesetzt, die nur geändert wird, wenn es dringend notwendig ist, so werden sich die Kinder daran gewöhnen, um diese bestimmte Zeit dies Bestimmte zu tun. Ist es der Willkür überlassen, wann sie ihre Schularbeiten machen, bald um diese, bald um jene Zeit, weil die Mutter es nicht versteht, ihren Haushalt zu leiten und die Arbeit einzuteilen, dann werden die Kinder ungern und mürrisch an ihre Aufgaben gehen und sich ihnen so gut es geht zu entziehen suchen. Alle kleinen Pflichten sollten in den Tageslauf eingeordnet sein, gerade so wie Aufstehen, Waschen, Zähneputzen, Haarekämmen, wie Frühstück, Mittagessen, Abendessen usw.

Leider erlauben es die wirtschaftlichen und beruflichen Verhältnisse unserer Tage nicht immer, im täglichen Familienleben gewissermaßen ein Abbild des Himmels zu schaffen, an dem Sonne, Mond und Sterne regelmäßig auf- und untergehen. Welch unbewußte Lebenssicherheit, welch tiefes Vertrauen gibt es der Menschenseele, daß sie sich auf die kosmischen Rhythmen der Gestirne verlassen kann! Was für ein wahnsinniger Schreck würde die Menschheit erfassen, wenn die Sonne eines Tages sich auch nur um eine halbe Stunde gegenüber ihrer gesetzmäßigen Zeit verfrühen oder verspäten würde! Die Vorstellung ist unausdenkbar! So aber erfüllen sich die Kinder mit tiefem Vertrauen, das zur sicheren Lebensgrundlage wird, wenn sie sich auf eine heilsame Ordnung im täglichen Leben selbstverständlich verlassen können. Daraus entstehen die guten Gewohnheiten, die nur in der Kindheit anerzogen werden können und die dann den festen Unterbau bilden, auf dem sich das sittliche Leben des Erwachsenen in ruhiger Freiheit entfalten kann. Daß hier nicht irgend eine quälende Pedanterie gemeint ist, braucht wohl nicht betont zu werden. Pedanterie gehört zu den schlimmsten Feinden der Kindererziehung und sollte daher ganz und gar ausgeschlossen bleiben.

In den Rhythmus des Alltags hat sich dann auch das einzugliedern, was die kindliche Seele über diesen Alltag hinaushebt und sie in die Höhen des geistigen Lebens führt. Da ist schon von großer Bedeutung das E i n s c h l a f e n und A u f w a c h e n , jene Tore, durch die die Seele jeden Abend in die geistige Welt und jeden Morgen zurück in die Erdenwelt tritt. Wie wichtig ist die Art, in der man Kinder zum Einschlafen vorbereitet! Wildes Toben und Bettschlachten, wie sie manchmal beliebt sind, sind sicher keine gute Vorbereitung. Dagegen führt ein Märchen, eine Legende, eine besinnliche, aber nicht moralisierende Geschichte, ein Lied, eine stille Melodie, ein gebetartiger Spruch, der die Seele des Kindes mit den göttlichen Wesen verbindet, gesund und edel durch das Tor des Schlafes. Mit manchem Kinde wird man auch gemeinsam auf den Tag und sein Erleben und Tun zurückblicken — ebenfalls ohne zu moralisieren, aber doch mit Ernst und Anteilnahme für alles, was ihm am vergangenen Tage geglückt oder mißglückt ist. Man wird ja bei den kindlichen Untugenden immer gewissenhaft unterscheiden müssen, ob bei gutem Willen ein Angestrebtes wieder nicht erreicht ist, weil das Kind es eben auf seiner Reifestufe noch nicht erreichen konnte; da wird der Erzieher nie tadeln und strafen, sondern ermuntern und helfen. Oder ob wirkliche Ungezogenheit vorliegt, die in den meisten Fällen bedeutet, daß das Kind sich selbst verloren hat und bei mehr oder weniger herabgedämpftem Bewußtsein irgend etwas „verbrochen" hat, was ihm, wenn es wieder wach und bei sich selber ist, gewöhnlich schwer aufs Gewissen fällt. Da wird eine Strafe bewußtseinsweckend wirken können. Und das ist ja auch der einzige Zweck, den Strafen überhaupt haben: Bewußtsein zu wecken und dadurch zu verhindern, daß das Kind der teilweisen Bewußtlosigkeit verfällt, aus der seine unguten Taten entspringen. (Kinder müssen schon in der Gewalt von sehr verständnislosen und hartherzigen Erwachsenen sein, wenn sie aus reiner Bosheit und schlechter Absicht etwas verbrechen.)

Alle die Angelegenheiten des sittlichen Lebens werden am besten in taktvoller Weise am Abend besprochen, wenn das Kind innerlich ruhig und offen dafür ist. Bei Kindern, die es s e h r schwer haben, „brav" zu sein, kann es heilsam wirken, wenn man sie am Abend auf alles das aufmerksam macht, was ihnen am vergangenen Tage gut gelungen ist, wo sie zur Freude der Erzieher und zu ihrer eigenen Befriedigung das Rechte getan oder wenigstens das Schlimme vermieden haben. Man kann sie dann am nächsten Morgen auf das hinweisen, was ihnen am Tage vorher nicht geglückt ist, oder was sie da verübt haben, aber in positiver, helfender Weise, so daß die Erinnerung an den verflossenen Tag mit der eigenen Entschlußkraft, die ja am Morgen immer besonders rege ist und die Zukunft im Sinne des Guten gestalten will, zusammenwirkt. Daher sollte auch der Morgen nicht ohne eine gebetartige Erhebung beginnen, nachdem das Kind erwacht ist oder freundlich geweckt worden ist.

Das Mittagessen bedeutet den stärksten Einschnitt im Leben des Tages. Die Familienmitglieder versammeln sich zu gemeinsamem Essen und Trinken. „Jedes Essen", sagt Novalis, „ist eine Kommunion". Der Mensch vereinigt sich mit dem, was die Reiche der Natur ihm zu seiner Lebenserhaltung opfern. Auch hier kann ein gebetartiger Spruch an diese Zusammenhänge und ihre geistigen Hintergründe erinnern und die Seele dankbar und freudig stimmen. Und dabei, wie bei jeder sich dem Religiösen nähernden Betätigung sollte Sentimentalität gänzlich fehlen. Bild, Wort und Ton wirken im wahrhaft religiösen Tun durch sich selbst und brauchen die subjektive Gefühligkeit nicht. Es sei hier aufmerksam gemacht auf einen Spruch Rudolf Steiners, der vor dem Essen gesprochen werden kann:

> Es keimen die Pflanzen in der Erde Nacht,
> Es sprossen die Kräuter durch der Luft Gewalt,
> Es reifen die Früchte durch der Sonne Macht.
> So keimet die Seele in des Herzens Schrein,
> So sprosset des Geistes Macht im Lichte der Welt,
> So reifet des Menschen Kraft in Gottes Schein.

und auf den des Angelus Silesius:

> Das Brot ernährt uns nicht, was uns im Brote speist,
> Ist Gottes ew'ges Wort, ist Leben und ist Geist.

Nicht immer ermißt der in christlichen Ländern lebende Mensch, von welch einschneidender Bedeutung der Sonntag für das ganze Leben ist. Es folgen einander die sechs Tage der Woche, die der täglichen Arbeit und dem Berufe gewidmet sind, ihr gleichmäßiger Strom wird unterbrochen vom siebenten Tage, der ein völlig anderes Erleben bringt. Auch wenn man zunächst ganz von der religiösen Bedeutung dieses Tages absieht: allein die Tatsache, daß er aus dem Fluß des Alltagsgeschehens heraushebt und eine andere Stimmung, eine andere Art des Erfahrens und Erlebens bringt, als die sechs andern Tage der Woche, macht ihn zu einem Wohltäter der Menschheit. Jeder, der einige Lebenserfahrung hat, weiß, daß z. B. Ferien nicht dadurch erholend sind, daß man „nichts tut", sondern daß man etwas völlig a n d e r e s tut als im übrigen Berufsdasein. Für jemand, der alle Tage im Büro sitzt und tippt, ist es erholend, wenn er sich eine Zeit lang künstlerisch beschäftigen kann: musizieren, malen, Eurythmie machen. Jemand, dessen Beruf in künstlerischer Betätigung besteht, ein Berufsmusiker z. B., wird es ausruhend finden, einmal ein wissenschaftliches Buch zu lesen oder ein Gebiet der Wissenschaft zu studieren. Man wird gekräftigter in die tägliche Arbeit zurückkehren, die ja auch „Einfälle" und Geistesgegenwart erfordert, wenn man in der ausgesparten Zeit die Seele in eine völlig andere Richtung gebracht hat, als die gewohnte. ist. Weil das Leben doch eine Einheit ist, so wirkt das neu Erarbeitete dann auf das Gewohnte befruchtend zurück. Hier liegt eben auch die unbeschreibliche Wohltat des S o n n t a g s .

Ein lebhaftes Gefühl für den Sonntag sollte daher auch schon in den Kindern geweckt werden. Nicht dadurch, daß man sie in die Kirche schickt. Dies kann nur ˙dann von allerdings höchstem Werte für die Bildung der kindlichen Seele sein, wenn es in der Kirche einer religiösen „ H a n d - l u n g " gegenüber steht, den Geist im Anblick eines „ K u l t u s " erheben kann, der durch Bild, Wort und Ton wirkt, nicht aber, wenn es genötigt ist, den intellektuellen, analysierenden und dogmatischen Gedankengängen einer Predigt zuzuhören. (Da die Kinder meist gar nicht hören, ist es sowieso verlorene Zeit für sie.) Unzählige Bei-

145

spiele aus Kindheitserinnerungen sind Beweis dafür, wie die kindliche Seele nach der Bildhaftigkeit des Kultus sucht, durch den ein Übersinnliches sich offenbart. Kinder, die das nicht in normaler Weise erleben können, bauen sich selbst ein Kultusähnliches auf. So der Knabe Goethe in der bekannten Schilderung in „Dichtung und Wahrheit". Er suchte sich der Gottheit zu nähern, in dem er auf den vier Seiten des schön lackierten pyramidenförmigen Notenpultes seines Vaters die herrlichsten Steine aufschichtete und sich so einen Altar schuf. Der Opferrauch stieg zum Himmel aus einem Räucherkerzchen, das den kunstvollen Aufbau krönte und das er mit Hilfe eines Brennglases von den ersten Strahlen der aufsteigenden Sonne entzünden ließ. So betete der Knabe das in der Natur schaffende Vatergöttliche an, das dem kindlichen Verständnis auch am meisten zugänglich ist, weil es s e i n e Kräfte sind, die im Aufbau des kindlichen Leibeslebens wirken.

So sucht sich das Kind, das ganz ohne Religion erzogen wird und in einer religiös gleichgültigen Umgebung aufwächst, etwa eine Höhlung in einem Baum oder einer Mauer und baut sich darin ein Heiligtum auf aus Gegenständen der Natur, funkelnden Steinen und Blumen, aus Bildchen, Rauschgold und Silberpapier, aus Dingen, die glitzern und schimmern. Vielleicht schreibt es dann noch auf einen Zettel ein Wort, das es beeindruckt hat, ein Gedicht, das ihm heilig ist, rollt ihn zusammen und versteckt ihn in der Tiefe der Höhlung gleichsam als den intimsten Ausdruck seiner Herzensahnungen. Viel öfters als man glaubt, macht das Kind, das nach bildhafter Offenbarung verborgener Ahnungen und dunkler entschwebender Erinnerungen an ein vorgeburtliches Leben in völlig anderen Verhältnissen, als die der Erdenumgebung, dürstet, irgend ein Erschaffenes zum Gegenstand seiner Verehrung.

Ein Kind wuchs in einer Umgebung auf, in der es alles Religiöse im Kleide trivialer Intellektualität und Gefühlshaftigkeit kennen lernte. Das Göttliche, das es in der Seele verehren sollte, blieb der Natur, mit der es selbst innig lebte, völlig fern, mit Ausnahme des e i n e n Glaubenssatzes: Daß Gott die Welt erschaffen habe. Wie er sich aber weiterhin und immerwährend in ihr offenbare, wurde nicht gesagt. Das Kind wußte ihn nur im engen Seelenraum — es schuf sich heimlich, ohne Wissen irgend eines Erwachsenen, die Nahrung, nach der es hungerte. Im Walde hatte es in einer Kiefer ein Loch gefunden. Auch dies Kind schrieb die heiligsten Worte, die es kannte, auf einen Zettel, verbarg diesen sorgfältig in dem Loch und, vor dem Baume knieend, erhob es dort seine Seele im Gebet, so oft es der Aufsicht der Erwachsenen entfliehen konnte. Am Ostermorgen ganz früh vor Sonnenaufgang war es draußen auf der Wiese, um die rosig gefärbten Himmelsschäflein zu sehen, die ihm ganz besonders schön und heimlicher Bedeutung voll am Oster-Sonnenaufgang erschienen. An einem klar fließenden Bächlein stand es, fühlte ohne bewußte Gedanken und Worte die belebenden Kräfte des Auferstandenen im rieselnden Wasser, in den ersten zarten Blüten, in dem kühlen Morgenwinde, dem blassen Himmel, flaumigen Wölkchen, den Strahlen der aufgehenden Sonne. Tief, unendlich tief erlebte es da. Am Karfreitag, so war seine Überzeugung, konnte nur schlechtes Wetter sein — oder wenigstens, dies lehrte es seine kurzlebige Erfahrung,

147

um die Mittagszeit, als der Erlöser sein Haupt neigte und das „Es ist vollbracht!" sprach, mußte der Himmel sich verdunkeln und Regentropfen fallen. Und es wurde ihm immer mehr zum Rätsel, das es nur sich selber aussprach, was denn die göttlichen Wesen in der Natur, die es so tief und stark überzeugend erlebte, mit dem Gotte zu tun hatten, der im Gewissen sprach und den die Erwachsenen mit altertümlichen Liedern und Gebeten anzurufen pflegten, besonders dann, wenn sie in Not waren und Hilfe brauchten. Für dies Kind war es eine Seligkeit, heimlich, — denn die Erwachsenen würden nur Ablehnung dagegen gehabt haben — in eine offene Kirche zu schlüpfen, still die von Weihrauch durchschwängerte Luft zu atmen, das ewige Licht anzustaunen und aus der Ferne den unverständlichen, aber geheimnisvollen Vorgängen der Messe am Altar zuzuschauen. Hier war Bild und Handlung — das Kind hätte sie nicht in dieser Form gesucht, wenn man zu Hause das religiöse Leben für die Kinder bildhaft gepflegt hätte.

Therese Schröer, die Mutter des Philologen Karl Julius Schröer, schildert in ihren Briefen an eine junge Freundin über Kindererziehung, wie sie ihren heranwachsenden Kindern zum ersten Male die Leidensgeschichte erzählt hat.* Nicht daheim in der Stube, auch nicht im Religionsunterricht beim Vater, mit dem sie sich darüber verständigt hatte, sondern in der freien Natur auf einem Spaziergang nach einer Bergkapelle, der an den Leidensstationen vorüberführte, die in primitiver, aber zu Herzen sprechender Kunst die Geschehnisse des Leidens, der Kreuzigung, Grab-

* Therese Schröer: „Eine deutsche Mutter über Kindererziehung"; Waldorf-Verlag Stuttgart, 1937.

legung und Auferstehung des Herrn darstellten. Tief ergriffen waren die Gemüter der Kinder, die das, was die Mutter ihnen ehrfüchtig schilderte, immer gleich auch vor Augen sahen. Hier hatte die Mutter ihnen ein unvergeßliches Erlebnis geschaffen, hier hatte der ursprüngliche, reine mütterliche Instinkt den Samen gelegt, der in Zukunft als Kraft des religiösen Verständnisses aufgehen konnte.

Bedeutsam für das Seelenleben des Kindes sind auch die Bilder in der Kinderstube. Ein wunderbarer Schmuck für das Kinderzimmer ist eine möglichst gute Wiedergabe der Sixtinischen Madonna, die das Kind auf ihren Armen zur Erde trägt, während die zartesten Engelköpfchen sie umschweben, wie wenn sie den, der mit ihnen den Himmel bewohnte, auf dem Weg zur Erde abschiednehmend begleiten wollten. Solche Bilder knüpfen die Kinder an die ihnen entschwebenden göttlichen Wesen an, lassen sie nicht gottverlassen auf der Erde stehen, sondern verbinden ihre Seele mit ihrer Urheimat, ohne daß der Erwachsene Worte dazu zu machen braucht.

Die Jahresfeste

Das Kind erlebt den Jahreslauf in seiner naiven Weise, indem es ihn mit seinem ganzen Wesen mitmacht. Und man sollte ihm auch noch nicht allzu sehr ins Bewußtsein heben, was es so als ein Stück Natur in und mit ihr erlebt. Man würde damit störend in das Kräfteweben eingreifen, das am kindlichen Leibes- und Seelenleben durch den Ablauf der Jahreszeiten vielfältig wirkt. Aber aus dem Jahreslaufe heben sich wie Blüten aus einem grünen Kranze die Jahresfeste ab, die nun allerdings schon vom Bewußtsein der Kinder erfaßt werden können — obwohl in ganz verschiedener Weise entsprechend ihrer Eigenart.

Zum W e i h n a c h t s f e s t hat das Kind den unmittelbarsten Zugang. Seine Symbolik ist ihm erschlossen. Schon die Adventszeit kann von ihm stark und wahr miterlebt werden. Nach den dunklen nebligen Novembertagen, wo sich einem das Herz zusammenpressen will, leuchtet das erste Licht am ersten Advents-Sonntage am Kranz oder Bäumchen auf. Und die Kerzen mehren sich dann, jeder Advents-Sonntag bringt ein neues Licht, und schließlich am Heiligen Abend strahlt die Fülle der Lichter am Weihnachtsbaum. Da kann man wohl begreifen, wie das Licht, das vom Christkind gebracht wird, in die Erdfinsternisse scheint. Hier kann auch das Kind tätig sein, und wie sehr entspricht das seinem regen, lebendigen Wesen! Nicht nur kann es kleine Geschenke basteln, zeichnen, malen, stricken, häkeln usw. Vor allem kann es selbst den Heiligen Abend gestalten helfen, indem es an der Krippe mitwirkt. Schon vom vierten, fünften Jahre an kann es aus Wald und Garten Zweige, Rinde, Steine, Moos und Sand holen, um eine Krippenlandschaft aufzubauen, es kann die Gestalten aus Wachs kneten oder kleine Holzfiguren mit Stoffresten bekleiden. Von einem solchen Krippenbau kann in der Adventszeit eine wunderbare Friedsamkeit ausgehen, und indem er die unruhigen Kinderhände beschäftigt, wird er die Herzen zur Aufnahme des Weihnachtsgeheimnisses stillen. Ganz allmählich entsteht so das Wunderwerk zum Entzücken des Kindes und mit seiner Hilfe. Am Heiligen

Abend birgt es der Christbaum unter seinen Zweigen, und ein Licht beleuchtet das heilige Geschehen, das da so kindlich primitiv und doch so innig nachgebildet ist.

Traditionen und festgelegte Gewohnheiten sollten im Leben der erwachsenen Menschen keine maßgebende Rolle spielen: für das kindliche Leben, das noch von anderen Kräften bedingt ist, können Traditionen heilend und fruchtbar sein. Es ist befriedigend für die kindliche Seele, wenn das Weihnachtsfest jedes Jahr mit denselben Symbolen gefeiert wird, der Weihnachtsbaum in derselben Weise geschmückt ist, dieselben Lieder gesungen werden und an derselben Stelle des Christabends das Weihnachts-Evangelium gelesen wird. In der Erinnerung an die Weihnachtsfeste der Kindheit, die im Laufe der Zeit eine Art von Aura gewannen, weil sie jedes Jahr die gleichen Erfahrungen brachten, liegt eine große Kraft für den herangewachsenen Menschen.

Niemandem wird es einfallen, den Kindern die Freude an den Weihnachtsgeschenken nehmen zu wollen, aber sie sollten doch den religiösen Sinn des Festes nicht ganz erdrücken. Und das wird nicht geschehen, wenn man die Adventszeit hindurch jeden Abend am brennenden Lichtkranz mit den Kindern leise Weihnachtslieder singt (nicht alle auf einmal!) und ihnen eine Legende erzählt, etwa aus den apokryphen Kindheits-Evangelien, oder die Christopherus-Legende oder ein Märchen, das Weihnachtsstimmung vermittelt. Bei älteren Kindern kann man auch die wunderbaren Prophezeiungen auf den kommenden Weltheiland, die sich nicht nur im Alten Testament, sondern in allen vorchristlichen Geistesoffenbarungen: in den Veden, im Zend

Avesta z. B. finden, heranziehen oder ihnen die Geschichte vom lichten Baldur erzählen, nach dessen Rückkehr aus dem Totenreich unsere germanischen Vorfahren sich sehnten. So kann man das ganze Weltgeschehen bildhaft um die Tatsache der Christgeburt versammeln. Und dann wird es das Kind selbstverständlich finden, wenn am Heiligen Abend selber eine kurze schlichte Feier dem eigentlichen Geschenkfest vorangeht und auf ihr der Nachdruck des Abends liegt. Es ist bedauerlich, wenn bei den Eltern das Vorbereiten der Geschenke so im Vordergrund steht, daß der Sinn des Christfestes vollständig verloren geht oder wenigstens sehr in den Hintergrund tritt.

Zu dem Allerschönsten, was Kinder um die Weihnachtszeit erleben können, gehören Aufführungen der alten Weihnachtsspiele, an denen sie entweder selbst mitwirken oder denen sie zuschauen. So wurden von Karl Julius Schröer, dem Lehrer Rudolf Steiners, die alten Oberuferer Weihnachtsspiele vor dem Untergang gerettet: Das Paradeis-, Christgeburt- und Dreikönigsspiel. Seit Jahrzehnten werden sie am Goetheanum in Dornach aufgeführt, wo Rudolf Steiner sie selbst eingeübt hat, und auch an den Rudolf-Steiner-Schulen wurden sie Jahr für Jahr als Weihnachtsgeschenk der Schulen für ihre Schüler von den Lehrern aufgeführt.

In mittelalterlichen Zeiten konnte ja das Weihnachts-Ereignis den Laien, denen die lateinische Bibel nicht zugänglich war, am besten in Bild, Handlung und Musik nahegebracht werden. Zunächst in ganz einfacher Form. In der Kirche stand z. B. eine krippenartige Wiege, und zwei Priester, die Maria und Josef darstellten, schaukelten sie. Alle Gläubigen, die in der Kirche ihre Andacht verrichteten, durften herantreten, niederknien und der Wiege einen Stoß versetzen. So halfen sie gleichsam das Kindlein pflegen: „Laßt uns das Kindlein wiegen, die Knie zum Krippelein biegen, das Kindelein gebenedeien..." Später wurde dieses einfache fromme Tun von den Priestern ausgebaut und die Ereignisse von der Geburt des Herrn feierlich und ausführlich in der Kirche dargestellt, gewöhnlich nach dem Bericht des Evangelisten Matthäus. Aber auch Laien gestalteten die heilige Geschichte und stellten sie schlicht und innig nach der Erzählung des Lukas-Evangeliums dar. Sobald die Winterszeit sich näherte, versammelte derjenige, der in der Dorfgemeinde die Tradition besaß, die Dorfburschen und übte mit ihnen in strenger Probezeit ihre Rollen ein. Zu diesen beiden — dem mehr kirchlichen Dreikönigsspiel und dem mehr laienhaften Christgeburtsspiel — kam das Paradeisspiel hinzu mit seiner packenden, tief ergreifenden Darstellung des Sündenfalls. Es wurde am 24. Dezember, dem Tage Adams und Evas, aufgeführt.

Diese Spiele erfüllen alles, was von einem religiösen Schauspiel, an dem Kinder teilnehmen dürfen, verlangt werden kann. Die Darstellung ist bei aller Tiefe und wahrhaft künstlerischen Gestaltung einfach und läßt der Phantasie den weitesten Spielraum, sie ist zugleich von der innigen, ganz unsentimentalen Frömmigkeit, die der kindlichen am meisten entspricht. Sie wird rhythmisch unterteilt von Gesängen, die sich immer wiederholen und die die Spannung der Kinder gegenüber dem ergreifenden Geschehen lösen, sie ausatmen und ausruhen lassen. Diese Gesänge prägen sich den Kindern tief ein. Man kann sie manchmal noch im Sommer singen hören. Wie überhaupt diese Spiele in schönster Weise die Nachahmung anregen und gern immer wieder von den Kindern in ihren Spielen aufgeführt werden. Der allzu starke Eindruck, der die Gemüter zu überwältigen droht, wird ausgeglichen dadurch, daß die rauhen gutmütigen Hirten Spaß und Humor zu ihrem Rechte kommen lassen und selbst der Teufel sich ab und zu humoristisch gibt und so die Furcht mildert, die sein Gebaren erweckt. In Kindern, die so Jahr für Jahr erleben dürfen, wie geheimnisvoll-tiefstes Menschheitsgeschehen sich in kindlich-primitiver Kunst offenbart, wird eine Lebensstimmung veranlagt, die sie in späteren Jahren weder in platten Materialismus noch in eng-dogmatische, intolerante Religiosität wird abgleiten lassen. Das wahre Kunstwerk, mag es auch primitiv sein, läßt doch die Seele frei. Es zwingt nicht, es bildet.

Die andern christlichen Feste sind dem jüngeren Kinde nicht in derselben Weise zugänglich wie das Weihnachtsfest. O s t e r n und P f i n g s t e n sind für es Feste des sprießenden, sich entfaltenden, blühenden Naturlebens — und so sind sie ihm gemäß. Das Eiersuchen zu Ostern, das Schmücken des Hauses mit Birkenzweigen und Blumen zu Pfingsten erzeugen eine Glücksempfindung, die das Kind selig genießt. Nur ganz zart sollte bei dem älteren Kinde — etwa vom neunten Jahre an — damit begonnen werden, ihm die Bilder der Leidensgeschichte vor die Seele zu stellen, mit jener tiefen Ehrfurcht, die schon eine gewisse Reife bei ihm voraussetzt, daß es nicht mehr n u r den aufbauenden Kräften seines Leibeslebens hingegeben ist. Leise schon beginnt es dann zu erkennen, daß es sich in diesem Lebensalter von seiner Umwelt lösen und ein selbständiges Wesen werden will. Erst dann kann es mit der Seele des andern mitfühlen, für dessen Leiden und Überwindung ein erstes ahnendes Verständnis haben. Dann ist ihm auch erst die Möglichkeit gegeben, sich dem Ostergeheimnis des „Stirb und Werde" zu nähern.

Die jauchzende Hingabe an das sommerliche Leben findet ihren beglückendsten Ausdruck in dem zum Sternenhimmel flammenden Feuer der Sommersonnenwende. Es wird zu den Aufgaben der religiösen Erziehung gehören, das Kind neben Sonnen-Auf- und Untergängen auch die N a c h t erleben zu lassen. Dabei ist besonderes Feingefühl des Erwachsenen notwendig. Denn er hat zur Nacht ein ganz anderes Verhältnis: das des sehnsüchtig Liebenden, der, von dem geliebten Wesen getrennt, Wege sucht, um es wiederum zu finden und sich mit ihm von neuem zu verbinden. Der Erwachsene sieht die Naturerscheinungen zunächst von außen und muß in inneren Übungen und in tätiger Seelenkraft sich zu ihren geistigen Hintergründen durchkämpfen. Das Kind lebt ganz unbewußt mit diesen geistigen Hintergründen, darum ist ihm die Sehnsucht der Erwachsenen fremd. Es schaut die Naturerscheinungen auch nicht von außen an, sondern wird von ihnen zu lebhaftem Tätigsein aufgefordert und in ihr Kräftespiel einverwoben. Das schließt nicht aus, daß es auch, still hingegeben den webenden Naturkräften, in ihnen ruht. Dem Erzieher erwächst nun die Aufgabe, dem Kinde seine Umwelt leise ins Bewußtsein hinaufzuheben und vorzubereiten, daß der notwendige Augenblick der Trennung (der etwa mit dem neunten Jahre beginnt) nicht zu ganz großen schmerzhaften Entfremdungen führe, sondern von vornherein die Kraft und Fähigkeit der Überbrückung und Wiedervereinigung in sich trage.

Es wurde schon darauf hingewiesen, daß der lehrende Erzieher die Natur für das jüngere Kind nur „phantasievoll-moralisch" behandeln könne. Für die religiöse Erziehung gilt dasselbe. Bereitet man dem Kinde, zum ersten Male vielleicht, das Erlebnis des sternenbesäten Himmels, etwa an Winterabenden, wenn der Orion sieghaft im Südosten steht und unter ihm der Sirius wunderbar bläulich strahlt, oder erlaubt man ihm in langen Sommernächten einmal aufzubleiben und führt es hinaus in mondlosen klaren Nächten unter die dunkle Glocke des Himmels, unter die weiß schimmernde Milchstraße, läßt es aufblicken zu der Höhe, wo über ihm die Wega im Sternbild der Leier leuchtet, zeigt ihm den großen Bären und die anderen deutlich erkennbaren Sternbilder, so wird es dabei zu allererst und vor allen Dingen darauf ankommen, daß der Erzieher in sich selber die Ehrfurcht und Frömmigkeit empfindet, die diese kosmischen Erscheinungen in jedem unbefangenen Herzen hervorrufen. Dann wird er besser nicht allzuviel Worte darüber machen. Seine in Ehrfurcht gedämpfte Stimme, sein zögernder Schritt, wie wenn er in einem Heiligtum herumginge, solche Gebärden, vorausgesetzt, daß sie wahren echten Gefühlen Ausdruck geben, werden stärker wirken als Worte und Deutungen. Ja, es kann für das ganze Leben viel bedeuten, wenn ein Kind miterlebt, wie den Erzieher überhaupt in der Natur nicht nur unter dem Sternenhimmel, auch im Walde, beim Wandern längs eines reifenden Getreidefeldes usw. eine tiefe

Ergriffenheit überfällt, die sich in langem Schweigen äußert. Man wird dies Schweigen nicht in Kindern erzwingen wollen, aber viel kann ja von Unausgesprochenem vom Erwachsenen auf das Kind übergehen und diesem Gewohnheit fürs ganze Leben werden. Wo es auf ungezwungene Weise zu erreichen ist, sollte man das Kind zeitweise veranlassen, den Offenbarungen der Natur schweigend zu lauschen, ohne zu lärmen und zu toben. Ist ja z. B. das Leben der Tiere in Wald und Feld gar nicht zu beobachten, wenn man Schweigen, leises Schreiten und stilles Sichbewegen nicht gelernt hat. Zu anderer Zeit mögen sie wieder mit wilden Spielen den Wald schreiend durchtoben, wer wollte ihnen das verwehren! Die andere Stimmung aber wird an ihrem religiösen Leben bilden, sie das Wirken der Engelmächte in den Naturreichen empfinden lehren und sie immer wieder in den Schoß der wahren göttlichen Kräfte zurückführen.

Wird der Sommer vom Kinde halb unbewußt in restloser Hingabe der Seele an die Natur erlebt, so kann der Herbstbeginn es wieder in sich selber hineinführen. Bewußtsein kann erwachend eine Festeszeit begreifen, die ältere Zeiten gefeiert haben, die dann für weite Kreise der christlichen Menschheit verloren gegangen ist, die Michaelizeit. Gerade diese Zeit (der eigentliche Feiertag fällt auf den 29. September) kann den heranwachsenden Menschen eine Fülle reichen Innenerlebens schenken. Schon die Kleineren kennen das Märchen von dem furchtlosen Helden, der den Drachen besiegt und die Prinzessin erlöst, wie es z. B. in sprachlich meisterhafter Form die Geschichte von den „Zwei Brüdern" bei Grimm erzählt. Den etwas Älteren ist vielleicht schon die Legende von Sankt Georg, dem irdischen Abbild des Erzengels Michael, erzählt worden. Das ist ein Held nach ihrem Herzen. Wie er hätten die Buben gern ein Schwert und Schild — sie schnitzten sich's aus Holz — um Drachen, Riesen und andere Ungeheuer zu besiegen. Mit denen kämpften auch die Ritter von König Artus' Tafelrunde und manch andere Helden, von denen Märchen, Legende und Sage berichten. Junge Menschen, die sich dem Alter der Erdenreife nähern und in sich selber Drachenkräfte verspüren, die überwunden und gewandelt werden wollen, sie werden den tiefen Sinn der Sage in sich verinnerlichen, und St. Michael, der Drachenbekämpfer, kann ihnen zum helfenden Idealbild werden. Nur sollten in diesem Alter alle Erzieher auf das sorgfältigste vermeiden, ihnen auch nur andeutungsweise ein solches Ideal vorzuhalten und aufzudrängen. Das würde nur Widerspruch und Ablehnung hervorrufen. Daher ist es wichtig, daß es selbstverständliche G e w o h n h e i t ist, — die als solche, nicht als Absicht wirkt, — am Beginn der Herbsteszeit die Michaelizeit festlich zu begehen, wenn die Dunkelheit abends früher kommt und die Nebel morgens über die Erde schleichen, die der sieghafte Sonnenstrahl im Laufe des Vormittags durchbricht, um die Bläue in ganz besonderer Klarheit strahlen zu lassen. Man nimmt in den Abendgesang inhaltlich und musikalisch starke Michaelslieder auf, z. B. das alte, das unsere Vorfahren im Mittelalter sangen, wenn sie in die Schlacht zogen: „O unbesiegter Gottesheld St. Michael, komm uns zu Hilf, zieh mit ins Feld! Laß uns hier kämpfen, die Feinde dämpfen, St. Michael!" — oder das aus unserem eigenen Zeitempfinden geborene von

158

F. Lemmermayer: „Laß mich ein Streiter Gottes sein in der Ritterschaft des Gral nach meines Herzens tiefem Drang, nach meiner freien Wahl. — Erzengel, du vor Gottes Thron, laß mich nicht unbewehrt, reich mir zum heißen Drachenkampf Dein heilig' Michael-Schwert."

Man kann dann auch Michaels-Legenden erzählen, wie sie in vielen Völkern entstanden sind und etwa eines der schönen kräftigen Bilder aufstellen, die Michaels Drachenkampf verbildlichen (romanische Plastiken, Dürer, Raphael und viele andere). Gewappnet schreitet dann der Mensch in die November-Finsternis und dann wieder in die lichte Advents- und Weihnachtszeit hinein. Der Jahreskreis hat sich für das kindliche Erleben geschlossen.

*

In der Erziehung kommt ja so unendlich viel darauf an einzusehen, daß die tiefsten erzieherischen Wirkungen nicht von Worten, Belehrungen und Ermahnungen ausgehen, sondern von Eindrücken, zu denen wir das Kind hinleiten, um dann selber schweigend beiseite zu stehen. Es ist damit nicht irgend einer Passivität das Wort geredet, aber unsere erzieherische Tätigkeit sollte — nicht ausschließlich — doch an wesentlichen Punkten darin bestehen, die Kinder eben zu solchen tiefwirkenden Eindrücken zu führen. Führung und Geleit ist wichtig, am wenigsten wichtig ist die Ermahnung.

Gehen wir noch einmal zu dem Christgeburtsspiel zurück. Was wird da dargestellt? In heiligstem, reinstem Glanze Empfängnis (Verkündigung des Engels) und Geburt. Dies sind Lebensvorgänge, denen der heranwachsende Mensch häufig so begegnet, daß z. B. Kameraden ihn in zynischer, abstoßender, tief verletzender Form in sie „einweihen". Oder aber daß Erwachsene sie über diese Mysterien abstrakt-naturwissenschaftlich aufklären, materielle Prozesse sentimental verbrämend. Beides ist gleich schädigend und gleich unwahr. Denn auch die „Aufklärung" berücksichtigt aus Mangel an geistiger Erkenntnis in Wirklichkeit nur den sinnlich-sichtbaren Teil des Geschehnisses. Das Kind aber fragt im Grunde in erster Linie nach der Herkunft seiner selbst, seiner Seele — erst in zweiter Linie nach der Ursache seines leiblichen Daseins. Und ihm n u r diese Ursachen enthüllen, ohne es durch die bildhafte Darstellung seiner geistigen Herkunft aus vorgeburtlich-geistigem Sein, aus Himmelswelten und Engelreichen seelisch zu bereichern, das heißt ihm Kräfte nehmen, die es einmal im Leben bitter entbehren wird. In der Geburtsgeschichte der Evangelien weben wunderbar ineinander himmlische und leibliche Abstammung des Jesuskindes. Und das alte Weihnachtsspiel bringt dies in Bildern zum Ausdruck, deren schlichte erhabene Reinheit nicht übertroffen werden kann. Hat ein heranwachsender Mensch das Glück, Jahr für Jahr diese Darstellung anzuschauen, deren stille Keimkraft in seiner Seele nicht durch abstrakte Wortdeutungen gestört wird, dann ist es nicht anders möglich, als daß dies auch einen Einfluß hat auf die Art und Weise, wie die Vorgänge, durch die der Mensch ins Leben tritt, von ihm angeschaut werden können. Der Einfluß kann sich voll und ganz vielleicht erst im späteren Leben geltend machen; der junge Mensch wird trotzdem durch viele Kämpfe gehen und bewußt um seine Reinheit ringen müssen — aber in Seelentiefen wird doch das geschaute lautere Bild ein eigenes unausrottbares Leben führen, das ihm heilend und helfend zur Seite stehen wird. Das Gleiche gilt auch für das Bild des Erzengels Michael, der den Drachen bekämpft und dessen Kräfte zum Guten wandelt. Im selben Sinne wirken die gleichnishaften Bilder, die aus Natur, Geschichte und Kunst — vom Erzieher und Lehrer gestaltet, aber nicht abstrakt interpretiert — vor die kindliche Anschauung gestellt werden.

Die religiöse Erziehung kann ihre Bildekräfte nicht nur der Bibel entnehmen — der Religionsunterricht leidet unter dem verengten Gesichtskreis —, sie kann aus j e d e r Erscheinung der Welt ihre Anregung schöpfen. Und es gibt in vorchristlichen und nachchristlichen Zeiten keine aus echtem Empfinden geborene Mythologien, Legenden und Sagen, keine wahren Kunstwerke, die nicht religiöse Bildekräfte in sich trügen, weil sie aus einer Verbundenheit mit der geistigen Welt entstanden sind, die nur in den verschiedenen Zeitaltern, entsprechend dem jeweiligen Bewußtseinszustand der Menschen, sich verschiedene Formen suchte. Und da ja die religiöse Bildung die Aufgabe hat, dem Menschen seinen göttlichen Ursprung, den göttlichen Ursprung seiner Welt, ins Bewußtsein zu rufen, ihm Wege zu weisen, wie er mit seinen Ursprungskräften sich wieder verbinden könne, damit sie ihn durchströmen und er in ihrem Sinn handle und das Leben für sich und andere gestalte, so kann sie nicht weitherzig, nicht umfassend, nicht tiefgründig genug sein.

Der religiöse Erzieher muß um das Geheimnis wissen, daß alles in abstrakte Worte Festgelegte, dem Verstand

Entsprungene, dogmatisch Bestimmte der kindlichen Seele nicht die Freiheit des Wachstums läßt. Es schnürt sie ein, preßt sie zusammen, beengt ihren Atem und ruft dadurch den innersten Widerstand gegen die in dieser Form ihr gebrachte religiöse Unterweisung auf. Das Kind ist ein Werdendes — was es aufnehmen soll, darf nicht starr und fest sein, muß selbst noch im Werden sein und im Strom der lebendigen Bildekräfte sich mitbewegen. Lebt die religiöse Unterweisung in Bildern, die der Erzieher aus seinen eigenen Bildekräften, die er in sich neu belebt hat, gestaltet, so senkt er lauter keimkräftige Samen in die Kindesseele. Das ist seine Aufgabe. Diese Samen werden aufgehen, sich entfalten und zu Blüten und Früchten reifen, wie es der Individualität entspricht, die sie in sich aufgenommen hat. Nirgends will sich der Mensch so frei fühlen, als in dem, was er als seine religiöse weltanschauliche Überzeugung in sich erbildet. In seinem Geistesleben kann er Zwang nicht ertragen. Drängt ihn die religiöse Erziehung schon als Kind in eine bestimmte Richtung, so wird der Herangewachsene leicht aus innerstem Freiheitsstreben gerade die entgegengesetzte Richtung einschlagen. Beispiele dafür sind genug vorhanden. Reicht man dem Kinde die Seelennahrung, die ihm gemäß ist, und die keine Einzwängung, sondern „Bildung" bedeutet, dann ist die Seele im späteren Leben k r ä f t i g , zu forschen und zu erkennen und aus eigenen Einsichten in Beziehung zu den geistigen Gründen der Welt zu kommen, welche die seiner Wesenheit und Entwicklungsstufe entsprechenden sind.

VI. ERZIEHER UND KIND

Unter den Menschen bestehen die verschiedenartigsten Verhältnisse: die der Freundschaft, der Feindschaft, der Geistesverwandtschaft, des gleichen und verschiedenen Geschlechts, des gleichen und verschiedenen Alters usw. Alle sind sie vom Schicksal bestimmt und selbst schicksalbestimmend, rätselhaft und geheimnisvoll, so alltäglich und sogar unerfreulich sie in vielen Fällen erscheinen mögen.

So ist auch die Beziehung, die der erwachsene Mensch zu dem Kinde hat, gleichgültig ob es ihm blutsverwandt oder ihm als Zögling oder Schüler anvertraut ist, von tiefen Schicksalszusammenhängen bedingt und durchwoben.

Die Seele, die ins Erdenleben schreitet, hat sich aus geistbegründeter Wahl im Leben zwischen Tod und neuer Geburt zu dem Elternpaar hingezogen, das ihr das Tor in die Erdenwelt öffnen soll, weil sie sich mit den Eigenschaften dieser Eltern als Individualitäten, als Angehörige einer bestimmten Rasse, eines Volkes, eines Geschlechtes verbinden und sich ihnen für die erste Lebensepoche zur Pflege und Erziehung anvertrauen will. So betonte Rudolf Steiner aus seiner Geistesforschung heraus, daß nicht die Eltern das Kind zuerst lieben, sondern daß die Liebe des Kindes, das sich aus Geisteswelten ihnen neigt, der ihren

163

vorangegangen ist. Eine wunderbare Innigkeit der Beziehung kann die Folge sein, wenn Vater und Mutter nicht nur auf den physischen Vererbungsstrom blicken, sondern sich bewußt sind, daß eine Menschenseele sie schon vor der Geburt gesucht und zusammengeführt hat, weil sie in diesen Vererbungsstrom untertauchen und ihr Erdenleben unter ihrer Führung beginnen will. Eine solche Erkenntnis wird das Verantwortungsgefühl der Eltern ungemessen steigern und zugleich die falsche Meinung ganz und gar zerstören, daß das Kind den Eltern „gehört", daß sie es nach ihrem Sinne formen und mit ihm machen können, was sie wollen. Sie werden dann darauf hinlauschen, wie die Individualität, die sich ihnen hingegeben hat, in den tiefen Gründen ihres Wesens selber erzogen werden will. In den tiefen Gründen ihres Wesens, nicht an der Bewußtseinsoberfläche! Sonst würden die Eltern jeder kindlichen Laune nachzugeben und auf Erziehung überhaupt zu verzichten haben. Das Kind w i l l aber gerade erzogen, will richtig ins Leben hineingeleitet werden. Es will seine Eltern zunächst nachahmen können und sie nach dem Zahnwechsel als Autoritäten über sich walten fühlen. Es möchte sie auch nach dem Alter der physiologischen Reife als Ideale empfinden und sich ihnen, so wie sie im Leben stehen und es meistern, nacharbeiten können.

Man hört manchmal den ironischen Einwurf, daß dann viele Kinder „in der Wahl ihrer Eltern nicht vorsichtig waren". Aber abgesehen davon, daß der Verkörperungsvorgang ein schwieriger ist und in unserer Zeit die Erdenzustände so sind, daß die Seele oft nur mit Mühe die für sie geeigneten menschlichen Verhältnisse findet, so sucht das Kind in seinen Eltern auch s e i n eigenes Schicksal auf, das Schicksal, das ihm dadurch zuteil wird, daß es in den ersten zwei Lebensjahrsiebenten in einem bestimmten Familienzusammenhang zu leben hat. Das bedeutet natürlich nicht, daß man — wenn es notwendig und möglich ist — Kinder aus unglückseligen Familienverhältnissen nicht herausnehmen sollte. Es wäre unverantwortlich, wenn man sich mit dem Gedanken trösten wollte, daß sie sich ihre oft so kümmerlichen, ja schrecklichen Familienschicksale schon vor der Geburt selbst gewählt hätten. Es kann ja ebensogut zu ihrem Schicksal gehören, daß sich gute, verständige Menschen finden, die sie aus ihrer schweren Lage befreien! Und es ist tatsächlich ganz überraschend und beglückend anzuschauen, wie schnell Kinder aufblühen und sich gesundheitlich und seelisch aufs schönste entfalten, wenn man sie aus Familienverhältnissen entfernt, die etwa durch Ehezwistigkeiten der Eltern zerstört sind oder in denen das Kind nicht willkommen war und vielleicht sogar mißhandelt wurde — und sie in eine harmonische und vor allen Dingen liebevolle Umgebung verpflanzt. Freilich — leichten Herzens und ohne Verantwortungsgefühl wird man Kinder nicht einfach der Umgebung entziehen, in die sie sich durch ihre Geburt hineinbegeben haben.

Leider hat die intellektuelle Entwicklung der letzten Jahrhunderte es mit sich gebracht, daß auch die wundertragende menschliche Beziehung des Erwachsenen als Lehrer zum Kinde als Schüler weitgehend in ihrer Tiefe und Schönheit gar nicht mehr empfunden wird. Ja, der Lehrer, der „Schulmeister", er ist so vielfach, auch heute noch, ein Mensch, den man als Kind verabscheut und haßt, vor dem man sich zum mindesten ängstigt oder den man als hoffnungslos langweilig ablehnt. Und der Lehrer seinerseits — in ihm lebt ja so häufig auch die Furcht vor den Kindern als „Horde". Zum einzelnen Kinde, mit dem er allein spricht, mag das Verhältnis noch erträglich und vielleicht sogar befriedigend sein, aber die Masse, die die Klasse als Gesamtheit ihrer Glieder darstellt, weckt in der lehrenden Persönlichkeit häufig eine versteckte Antipathie, die sie sich vielleicht selbst gar nicht zugibt, aber die doch da ist — und die wirkt! Wie oft kommt es vor, daß die ganze Klasse feindlich zu ihrem Lehrer steht! Wie zahlreich sind die Menschen, die von ihrer Schulzeit Angstträume zurückbehalten; doch gibt es auch Lehrer, die den Traum, daß sie vor einer Klasse tobender Kinder stehen müssen, als Alpdruck empfinden.

Ein 15jähriger frischer, gutmütiger Junge, der in einem von altersher berühmten Knabeninternat mit Gymnasium erzogen wird, wurde nach seinem Deutschlehrer gefragt, der als feingebildeter, menschlich liebenswürdiger Erzieher bekannt war. Der Junge lehnte die Nachfrage mit unnachahmlicher Gleichgültigkeit ab, indem er nur kühl bemerkte: „Für uns sind die Lehrer keine Privatpersonen!" Er wollte damit zum Ausdruck bringen, daß, wenn der Lehrer als Privatperson noch so „nett" wäre, dies den S c h u l unterricht nicht berührte, da war er eben doch der „Feind". Daß das Verhältnis vielfach so ist, liegt weniger an der Persönlichkeit der Lehrer oder der Schüler, sondern es liegt an der M e t h o d e des Unterrichtens. Die Kinder spüren, daß ihnen die intellektuelle, unkünstlerische Art, in der ihnen die popularisierte, „kindgemäß" gemachte Wissenschaft der Erwachsenen beigebracht wird, eben in Wirklichkeit gar nicht gemäß ist, sondern sie seelisch und körperlich schädigt. Und die Lehrerbildung übergibt zwar den Lehrern ein genaues und reichliches Wissen, trägt aber nicht dazu bei, sie zu Menschen zu machen, die „gestalten" können, d. h. deren schöpferische Kräfte gelöst sind und in künstlerisches Tun in Unterricht und Erziehung überströmen.

Was steht sich — man kann diese Frage aufwerfen — in Wahrheit gegenüber, wenn der Erzieher dem Zögling entgegentritt? Es ist die geheimnisvolle, wunderbare Beziehung zwischen Vergangenheit und Zukunft, die da wie in einem Durchschnitt anschaubar wird. Und zwar ist der Mensch, der durch die Geburt ins Dasein tritt, das Ergebnis der Kräfte seiner Vergangenheit. Er trägt diese Vergangenheit in sich, aus ihr heraus ist er geboren. In seiner leiblichen und seelischen Gestaltung verbirgt sich die Weisheit der zwischen Tod und Geburt wirkenden geistigen Wesenheiten, zu denen sein geistig-seelisches Wesen selbst gehörte, es verbirgt sich in ihr das vergangene Erdenleben, das die besondere Artung der vorgeburtlichen Kräftewirkung bedingt hat. Von d i e s e m Gesichtspunkte aus ist das Kind ein Gewordenes, so merkwürdig es klingen mag — es wird zu einem von innen her Werdenden erst im Laufe der Jahre. W e i s h e i t trägt es in sich als Folge seines Werdens im geistigen Dasein. M o r a l i s c h e s W o l l e n aus geistiger Freiheit als Ausdruck seines selbstbewußten Eigenwesens kann der Mensch erst auf der Erde entwickeln. Es keimt dann in ihm eine sittliche Kraft auf, die er selbst immer wieder von neuem erschaffen muß,

die nie eine Gegebenheit wird, die jeden Augenblick errungen werden muß, die immerdar ein Werdendes ist. Diese
über sich selbst in die Zukunft hinausweisende Kraft, sie
ist es, die im Erzieher lebt, leben m u ß , wenn er überhaupt eine erzieherische Wirkung auf den Zögling ausüben will. Man kann vielleicht ein Kind allerlei l e r n e n
lassen, auch ohne ein Mensch zu sein, der fortwährend um
Erkenntnisse, um Einsichten, die Taten werden können,
in seiner Seele ringt, aber man kann dann nicht E r z i e h e r
sein. Man erzieht ja nie — und das ist das Geheimnis des
Erziehens überhaupt — durch das, was man lehrt oder sonst
am Kinde tut, sondern durch das, was man i s t oder besser
durch das, was man jeden Augenblick w i r d , wozu man
sich in jedem Zeitpunkt des Lebens erst selber macht. Es
gibt Erzieher, die durch die Verarbeitung schwerer Schicksale, die ihnen das Leben gebracht hat, zu verwandelten
Menschen geworden sind. Man wird immer erleben, daß
sie in hohem Maße erzieherisch wirken werden und z. B.
große Klassen durch ihre bloße stille Anwesenheit beruhigen, die der gelehrteste Professor nicht bändigen konnte.
Erzieher kann man als Menschen charakterisieren, die sich
wandeln können. Dies ist nicht in einem moralisierenden
Sinne gemeint. Menschen mit starker moralischer Kraft
werden selbstverständlich stets die besten Erzieher sein.

Aber es wird auch so sein, daß der Lehrer, der in der
Vorbereitung für den Unterricht an irgend einen Stoff
herangeht, in sich ein inneres Tätigsein aufrufen muß, das
unbefangen die gewohnte Methode der Stoffdarstellung verläßt, den Stoff von irgend einer Seite her ganz n e u ergreift, ihn ursprünglich erlebt und selbständig gestaltet. Es

gibt nichts auf der Welt, nicht einmal das Einmaleins oder die sogenannte Grammatik, den Schrecken vieler Kinder, das nicht interessant wäre, wenn man in Unbefangenheit den richtigen Blickpunkt dafür findet. Macht man sich als Erzieher zum Gesetz, n i e etwas an die Zöglinge heranzubringen, was einem selbst langweilig ist, sondern mit jeder Belehrung Staunen und Verwunderung in ihnen zu erwecken — nachdem man sie in sich sebst aufgerufen hat — dann wird man überrascht erleben, mit welcher Freude, welchem Eifer, welchem Fleiß sie das Dargebotene ergreifen! Die größte Sünde wird an Kinderseelen begangen, wenn ihnen irgend ein Teil des wunderbaren Weltganzen langweilig gemacht wird, wenn sie — nicht vor Arbeit und Mühe, das schadet ihnen nichts — sondern aus Langeweile und Gleichgültigkeit seufzen und stöhnen. Das aber wird nie geschehen, wenn der Erzieher die Wunder und Rätsel der Welt, wie sie sich z. B. sogar in den Rhythmen des Einmaleins, noch viel mehr aber in allem, was mit der Sprache zusammenhängt — von allen Naturerscheinungen ganz zu schweigen — offenbaren, selbsttätig auch nur an einem Zipfel erfaßt. Immer da, wo der Erwachsene geistig aktiv ist, auch da, wo dies innerlich freie Tätigsein sich nicht auf eine moralische Handlung im engeren Sinne des Wortes bezieht, wirkt er erzieherisch. Eine sittliche Tat liegt dann vor, wenn der Mensch aus seinem ureigensten Wesen heraus handelt, auch wenn dieses Handeln etwa in dem Formen von Gedanken besteht. Es strömen dann bewußt erarbeitete Gestaltungskräfte zusammen mit den natürlichen Bildekräften, die — dem Kinde selber unbewußt — an ihm schaffen. Und aus dem, was im Kinde selbst formend lebt, und dem, was an ihm aus selbstlosen Erzieherkräften bildet, erschaffen sich die Lebenswurzeln, aus denen allmählich der selbständige, geistig tätige, sittlich freie Mensch erwächst.

Der Erzieher als schicksalsgestaltende Macht

Helen Keller und ihre Lehrerin

Am Nachmittag eines Frühlingstages — es war der 3. März 1887 — stand das taubstumme und blinde Kind Helen Keller an der Haustür und erwartete dumpf irgend ein Ereignis, dessen Herannahen es schon den ganzen Tag über gefühlt hatte. Helen wußte nicht, worum es sich handelte. Drang doch seit ihrem zweiten Lebensjahre kein Laut in ihr Gehör ein und kein Lichtschimmer in ihr Auge. Sie hatte nur die Unruhe und Erregung in ihrer Umgebung gespürt. Sie ahnte nicht, daß sie dem wichtigsten Augenblick ihres Lebens entgegenharrte, der Begegnung mit ihrer Lehrerin, die kam „um den Schleier, der ihr die Welt verbarg, zu lüften und, was mehr bedeutet, sie zu lieben"*. Die Erzieherin aber war sich wohl bewußt, welche Fülle von Schicksalen ihr Zusammentreffen mit diesem Kinde barg. „Ich versuchte mit aller Kraft, meine Aufregung zu unterdrücken", so schreibt sie drei Tage später an ihre

---

* Helen Keller: „Die Geschichte meines Lebens". Verlag von Robert Lutz, Stuttgart, Memoirenbibliothek, 1904.

Freundin, „denn ich zitterte so stark, daß ich mich kaum auf den Füßen halten konnte. Als wir uns dem Hause näherten, sah ich ein Kind an der Tür stehen, und Hauptmann Keller sagte: ‚Dort ist sie. Sie hat den ganzen Tag gewußt, daß wir jemand erwarten, und sie ist ganz ungebärdig geworden, seit ihre Mutter nach dem Bahnhof ging, um Sie abzuholen.' Kaum hatte ich meinen Fuß auf die Treppenstufe gesetzt, als sie mit solcher Gewalt auf mich zustürzte, daß ich zu Boden gestürzt wäre, hätte Hauptmann Keller nicht hinter mir gestanden." Helen aber fühlte, wie jemand sie ergriff, sie emporhob und fest in die Arme schloß.

Man kann, wenn man im Nacherleben Zeuge dieses Augenblickes wird, nicht anders, als tief erschüttert im Lesen innehalten und die geheimnisvollen Taten des Schicksals zu ergründen suchen.

Immer, wenn Menschen eine entscheidende Schicksalsbegegnung haben, spürt man das Walten göttlichen Willens. Ja, man könnte es fast als einen „Gottesbeweis" gelten lassen, wenn man an sich selbst oder an anderen erfährt, wie zielbewußt die göttlichen Mächte die Füße der Menschen gerichtet haben, deren Lebenswege in einem bestimmten Zeitpunkt sich begegnen, um von da ab in eines zusammenzufließen. Man ist dann versucht, eine Art „Geographie des Schicksals" aufzuzeichnen, indem man im Geiste die Wege nachschreitet, die der eine und der andere Mensch gegangen ist in unterbewußter Zielsicherheit zum Berührungspunkte hin. Welches waren die Wege, die Goethe einerseits, Schiller andererseits geschritten ist, reich an inneren und äußeren Erlebnissen, die voneinander so ver-

171

schiedenartig, ja einander entgegengesetzt waren? Man kennt sie, diese Wege, hat sie schon in der Schule kennen gelernt, aber ist man auch dazu angeleitet worden, das große Staunen zu empfinden an dem Wunder der Freundschaftsbegegnung dieser beiden Menschen, die nach scheinbar unüberwindbaren Hemmungen doch zueinander fanden, um von da ab, wie Herman Grimm es ausspricht, nicht nur Goethe plus Schiller, sondern Goethe plus Schiller p l u s Schiller plus Goethe zu sein? Nicht nur für sich selber, sondern für das zukünftige Geistesleben der Menschheit, das durch diese Begegnung unaussprechlich bereichert worden ist.

Auch die Begegnung der Lehrerin Anne Sullivan mit der hochbegabten, geistig durch körperliche Mängel gefesselten Helen Keller ist ein Wunder des Schicksals, vor dem man nur ehrfurchtsvoll anbetend stehen kann. Welche Wege im Erdenlande waren diese beiden Menschen gegangen, ehe sie sich trafen?

Das Schicksal Helen Kellers ist aus ihrer Selbstbiographie bekannt, und es soll hier nur daran erinnert werden.

Am 27. Juni 1880 in Tuscumbia im Staate Alabama der Vereinigten Staaten geboren, wächst sie gesund und kräftig zur Freude ihrer Eltern heran, bis sie mit 19 Monaten an akuter Gehirn- und Unterleibsentzündung schwer erkrankt. Die Krankheit tritt mit hohem Fieber plötzlich auf, ebenso plötzlich verläßt sie das Fieber, aber Gesicht und Gehör sind verloren. Aus dieser Krankheitszeit stammen ihre ersten Erinnerungen: an die Zärtlichkeit der Mutter und an die eigene entsetzliche Angst in den Augenblicken, wo sie aus unruhigem Halbschlummer erwachte und die brennenden Augen spürte, deren Licht immer trüber wurde.

Wie jedes Kind bis zum Zahnwechsel und darüber hinaus hatte Helen den starken Drang nachzuahmen. Was sie an den Menschen ihrer Umgebung ertastete, versuchte sie nachzuahmen. Sie war ein hochintelligentes Kind, und so lernt sie allmählich, sich durch eine Reihe von Zeichen zu verständigen. Man muß sich in die Lage dieses unglücklichen kleinen Kindes so lebhaft wie möglich versetzen. Es lebt in ihr ein lebendiger Geist, ein starker Wille, ein kraftvolles Fühlen. Aber diese Seelenkräfte finden kein ihnen angemessenes Werkzeug, um sich zu betätigen. Sie sieht weder die Menschen noch die Naturumgebung, kann nur tasten, riechen, schmecken. Sie hört keinen Laut, kein Wort der Sprache, in ihr ist absolutes Schweigen, sie kann Geräusche nur dadurch wahrnehmen, daß sie die Erschütterung fühlt, die sie verursachen. Sie tastet die Lippen anderer Menschen ab und bemerkt, daß andere Menschen sich verständigen können, indem sie die Lippen bewegen. Sofort versucht sie es auch, bringt Töne hervor, die sie nicht selber hört und die niemand versteht. Die etwa 60 Zeichen, die sie sich erfunden hat, genügen ihr nicht, um sich verständlich zu machen — außer für die äußerlichen Dinge des Alltags. Sie fühlt die Fesselung ihres Geistes, dem nur die dunklen unbewußten Sinne zu einer Offenbarung zur Verfügung stehen. Sie will sich wehren, sich befreien, jeder Mißerfolg wirft sie in die schrecklichste Verzweiflung, sie schreit, tobt, weint, wälzt sich auf dem Boden, schlägt um sich. Nach solchen Anfällen ist sie körperlich völlig erschöpft, seelisch maßlos verbittert. „Es war mir, als hielten mich unsichtbare Hände", erzählt sie später. Schließlich in ihrem fünften, sechsten Lebensjahre kamen solche leidenschaftlichen Ausbrüche täglich, endlich sogar stündlich über sie. War sie doch auch ein besonders kräftiges Kind und seit ihrer Krankheit nie mehr auch nur einen Tag unpäßlich gewesen. Den Lebenskräften, die sich beim normalen Kinde in diesem Lebensalter immer mehr in das Phantasie- und Vorstellungsleben hinein verwandeln, fehlte bei ihr die Grundlage der Sinnesempfindungen von Gesicht und Gehör und daher auch die Möglichkeit, sich in Gedanken, die ja die Form der Worte haben, und in der Sprache zu äußern. Sie mußten sich daher in ihr stauen, sie furchtbar pressen und die entsetzlichen Tobsuchtsanfälle hervorrufen. Niemand versuchte, ihr zu helfen, nicht aus Mangel an Liebe — wurde sie doch von ihren Eltern zärtlich geliebt — sondern aus Ratlosigkeit und Unerfahrenheit. Niemand versuchte, sie zu erziehen und ihren ungezügelten Willen zu bändigen; schien es doch die einzige Liebe, die man dem unglücklichen kleinen Geschöpf erweisen konnte, wenn man ihm seinen Willen ließ und ihm gewährte, was es erstrebte. Es war eine furchtbare Leidenszeit, die das kleine Kind, die auch die Eltern durchmachten.

Helen konnte weder eine Schall- noch eine Lichtempfindung haben. Das war das Ergebnis wiederholter Untersuchungen von Augen- und Ohrenspezialisten. Die Sinne, deren sie sich bedienen konnte, führten sie in Wahrheit nicht in die Welt hinaus, um ihr eine objektive Erkenntnis der Dinge außer ihr zu vermitteln, sondern führten sie nur immer in sich selbst hinein. Man erlebt z. B.

174

durch den Tastsinn das, was in einem selber vorgeht, wenn man etwas berührt. Die tastenden Fingerspitzen empfangen einen Druck, der sich in inneren Bewegungen fortsetzt, die man wahrnimmt. Auch durch den Geruch empfindet man nur die Kunde von dem, was sich von den Dingen loslöst z. B. als ätherische Öle, um sich durch die Nase mit einem selbst zu vereinigen. Und ähnlich ist es beim Geschmack, der uns auch mehr noch ein Erlebnis unserer selbst vermittelt im Zusammenhange mit dem, was sich stofflich im Munde auflöst und die Verbindung mit dem Speichel eingeht. Objektiver als diese Sinne sind der Gesichtssinn und der Gehörsinn, und gerade diese waren bei Helen ausgeschaltet. Die Sinneserlebnisse selbst drängten sie immer wieder in sich selbst, in die eigene Leibeswahrnehmung zurück und damit in den Zustand hinein, den normalerweise nur das ganz kleine Kind hat, das zunächst auch stärker in inneren Leibeswahrnehmungen lebt, die Behagen oder Mißbehagen auslösen, als in den öbjektiven Sinneswahrnehmungen, wie Auge und Ohr sie vermitteln.

Die starken Bildekräfte, die an Helens Körper bauten, konnten sich nicht betätigen, als sie sich — wie es im Sinne einer normalen Entwicklung liegt — allmählich vom Leibe freimachten, um dann, wie es geschildert worden ist, im kindlichen Phantasieleben in verwandelter Form weiter zu wirken. Sie konnten sich nicht betätigen, da Helens Sinneswahrnehmungen ihr keine Vorstellungen vermittelten, welche Elemente der schöpferischen Phantasiebetätigung hätten werden können. So wurden diese Bildekräfte immer wieder in den Körper hinein gestaut und wirkten dort als dumpfer, dunkler Wille, den keine klaren Vorstellungen und Zielsetzungen erhellen konnten. Helen war wie gepreßt von der Fülle ihrer Lebenskräfte, war sie doch nach ihrer Krankheit ein gesundes, starkes Kind geworden, und die Bewußtseinskräfte, die sonst das zu starke Leben zurückdämmen und überwinden, konnten bei ihr nicht oder nur ganz ungenügend geweckt werden. Es war unabänderlich, daß sich die gestauten Lebens- und Willenskräfte Luft machten in Anfällen, die doch nur als Tobsuchtsanfälle charakterisiert werden können.

Auch Anne Sullivan hatte, als sie zu Helen kam, einen langen Leidensweg hinter sich. Auch sie erblindete in ihrer frühen Kindheit fast vollständig und war viele Jahre lang blind. Sie wußte, wie einem Blinden zumute ist. Mit 14 Jahren trat sie in das Perkin'sche Blindeninstitut in Boston ein. Dort erhielt sie ihr Augenlicht teilweise wieder und machte ihr Lehrerinnenexamen. Sie war gerade 14 Jahre älter als Helen. In der Zeit, als Helen begann, ihren irdischen Leib aufzubauen, ging sie durch das Alter der Erdenreife und erlebte die Geburt ihres selbständigen seelischen Wesens. Als sie sich begegneten, stand Helen im siebenten Lebensjahre und begann sich aus der Umhüllung mit den elterlichen Lebenskräften zu lösen und ihren eigenen selbständigen Bildekräfteleib, den Träger ihres Temperamentes und ihres Gedächtnisses, zu gebären. Die Lehrerin aber stand im 21. Lebensjahre und somit in der Geburt des Ich, ihres eigenartigen geistigen Wesens, das den Menschen als Individualität seiner Familie, seinem Volk, seiner Rasse gegenüberstellt, damit er in Freiheit seine Beziehungen zu ihnen finde —, und ihn auch dazu veranlagt, Herr im eigenen Seelenleben zu sein. Anne

Sullivan war nun reif dazu, eines anderen Menschen Seelenleben — nicht zu beherrschen, sondern zu wecken, zu entfalten und zu pflegen. Sie war es kraft ihrer Menschenliebe und ihrer ausgezeichneten pädagogischen Begabung. Sie ließ sich in ihrer Aufgabe nicht von irgendwelchen festgelegten Prinzipien oder pädagogischen Systemen oder Methoden leiten. Sie beobachtete, was sie bei Helen vorfand, was ihr aus ihr entgegenkam, und danach bestimmte sie, was sie zu tun hatte. Sie arbeitete mit Helens so ausgebildetem Nachahmungstrieb. Ihr beiderseitiges gutes Schicksal wollte es, daß dieser, als sie eintraf, noch stark wirksam war. Sie errang sich zuerst in verzweifelten Kämpfen, was das A und O jeder Beziehung zwischen dem siebenten und vierzehnten Lebensjahre ist: Autorität. Auf N a c h a h m u n g und A u t o r i t ä t war aufgebaut, was sie für Helen tat.

Aus Nachahmung lernte Helen sofort das Fingeralphabet und verband gewisse Gegenstände, die sie tastete, mit den Eindrücken, die sie empfand, wenn Miß Sullivan in ihre Hand buchstabierte. Ergreifend ist aber, wie ihr — einen Monat war die Lehrerin bei ihr — das Geheimnis der Sprache aufging. Man kann auch sagen, wie in ihr der Sinn für das Wort, der Sinn für den Begriff, aufwachte. Die Lehrerin ließ aus der Pumpe einen kühlen Wasserstrom über ihre Hand rieseln, während sie ihr in die andere Hand das Wort „water" buchstabierte. Blitzartig begriff Helen, daß jedes Ding einen eigenen „Namen" hat, und daß man die Welt kennen lernt und sich über sie mit den andern Menschen verständigen kann, wenn man diese Namen, wenn man die Begriffe der Dinge kennt. So wurden ihre Wahrnehmungen, vermittelt durch den Tast-, den Bewegungs-, den Gleichgewichtssinn usw. mit Begriffen verbunden. „Wie eine strahlende Fee" lief Helen an diesem Tage herum und fragte nach dem Namen aller Dinge. Während sie im vergangenen Monat nur etwa 30 Worte kennen gelernt hatte, lernte sie nach dem entscheidenden Erlebnis, das ihr den Wort- und Begriffssinn aufschloß, in einer Stunde 30 neue Worte kennen. Als der Tag der Ankunft ihrer Erweckerin sich jährte, besaß das hochbegabte, intelligente Kind einen Wortschatz von 900 Worten. Jede Art von Kindergarten-Betätigung und sogenannten Anfangsunterricht hatte die verständige Lehrerin sofort aufgegeben, als sie Helens Begabung entdeckt hatte. Sie behandelte Helen — das ist wohl eines der wesentlichsten Geheimnisse ihres wunderbaren Erfolges — als gesunden, normalen, selbständigen Menschen. Und so sprach sie auch mit ihr und beantwortete ihre Fragen.

Sie führte sie in die Welt hinaus, machte viele Reisen mit ihr, vermittelte ihr alle Sinneswahrnehmungen, die Helen überhaupt haben konnte, und fügte — die Wahrnehmungen ihres Zöglings in ihren Beschreibungen und Erklärungen zur Wirklichkeit ergänzend — die notwendigen Begriffe hinzu. Ja, so wie sich Wahrnehmung und Begriff ergänzen (man könnte auch sagen: die leiblich-ätherische Wesenheit des Menschen und seine geistig-seelische Wesenheit), so ergänzten sich hier Erzieherin und Zögling. Und vor der Menschheit steht so, in einem wunderbaren Beispiele, die Erkenntnis, was Mensch dem Menschen an unermeßlichem Reichtum bedeuten kann. Miß Sullivan schloß Helens reiche Seele dem Leben auf und rettete sie vor Tobsucht und Idiotie, in die sie doch hätte verfallen müssen, wenn ihr Geist nicht geweckt worden wäre.

Es ist nicht merkwürdig, daß Miß Sullivan bald die Empfindung bekam, daß die Erziehung dieses Kindes das „Hauptereignis" ihres Lebens sein werde, wenn sie Kraft und Ausdauer haben würde, sie zu vollenden. Und diese hat sie gehabt! Immer mehr wuchs sie mit dem Kinde zusammen. Aus ihrer unbedingten Hingabe an ihre schwere Aufgabe wurde eine Art von intuitiver Erkenntnis des Seelenlebens der Schülerin und der für sie notwendigen Erziehungsmaßnahmen. Sie schreibt an ihre Freundin, nachdem sie kurze Zeit mit Helen zusammen gelebt hatte: „Ich hatte kurz vorher noch keine Ahnung, wie ich zu Werke gehen sollte, ich tappte vollständig im Dunkeln. Aber nunmehr weiß ich es, und ich weiß, daß ich es weiß. Ich kann mir keine klare Rechenschaft darüber ablegen; wenn sich aber Schwierigkeiten erheben, so bin ich weder ratlos noch im Zweifel. Ich weiß, wie ich ihnen entgegenzutreten habe. Ich scheine Helens individuelle Bedürfnisse zu ahnen. Es ist wunderbar."

Auch Helen fühlte tief die intuitive Verbundenheit der Seele ihrer Erzieherin und ihrer eigenen: „Ich kann mir das innige Verständnis nicht erklären, das Miß Sullivan für meine Freuden und Wünsche besaß . . . Anfangs lag nur ein ganz kleines, begrenztes Maß von Fähigkeiten in mir. Meine Lehrerin war es, die sie entfaltete und entwickelte. Als s i e kam, atmete alles rings um mich her Liebe und Freude und gewann eine Fülle von Bedeutung . . . Meine Lehrerin steht mit so nahe, daß ich mich kaum als von ihr getrennt fühle. Wie viel von meiner Freude an allem Schönen mir angeboren ist, wie viel ich ihrem Einfluß verdanke, werde ich nie anzugeben vermögen. Ich fühle, ihr Wesen ist untrennbar von dem meinigen, und sie ist mir auf den Bahnen, die ich wandele, vorangegangen. Alles Gute an mir ist ihr Werk — es gibt keine Fähigkeit, kein Streben, keine Freude in mir, die sie nicht durch ihre liebevolle Berührung zum Leben erweckt hätte."

Kann man es wirklich als einen bloßen Zufall betrachten, daß eine Seele, die in der Sinnesdumpfheit wie in einem lichtlosen Kerker, in den nie ein Ton von außen dringt, gefangen liegt, im Alter der beginnenden Lernreife dem Menschen begegnet, der allein imstande war, Licht aus dem eigenen Geiste, Ton aus der eigenen Seele in der Kindesseele aufleuchten, aufklingen zu lassen? Mancher Mensch lernte später das Finger-Alphabet, um sich mit Helen verständigen zu können, mit vielen Menschen bekam die Taubstumm-Blinde, die einen feinen intuitiven Sinn für alles Menschliche hat, den schönsten Kontakt. Unendlich viel inneren Reichtum empfing sie beim Lesen der in Blindenschrift gedruckten Bücher, deren Inhalt sie mit der Begierde einer nach Geistesnahrung hungrigen Seele in sich aufnahm. Umfassende Bildung vermittelte ihr das Universitätsstudium, das sie mit beispielloser Energie durchsetzte. Bei allem war die Erzieherin als die w a h r e Vermittlerin der Welt gegenwärtig, nur sie allein konnte die Mühen und Qualen, die die übertragene Verständigung durch das Finger-Alphabet oder Lippenabtasten mit anderen Menschen immer mit sich bringt, „in Wohltat verwandeln". Eine solche Beziehung von Seele zu Seele ist so schicksals-

schwer, daß man sie nicht als durch Zufälligkeiten in dem
einen Erdenleben zwischen Geburt und Tod verursacht
empfinden kann, wenn man der unbefangenen Wahrheits-
stimme im eigenen Innern lauscht. Man wird das „Wunder"
Helen Keller und Miß Sullivan nicht zum Beweise seiner
Weltanschauung herabwürdigen dürfen, man wird nur dem,
was es der unbefangenen Anschauung sagt, Worte verleihen
dürfen. Niemand ist wohl unbefangener und entfernter
von jeder Theorie als Miß Sullivan selber, wenn sie dunkel
empfindet, daß ihr Schicksal mit Helen Keller in geistigen
Welten, aus denen wir zur Geburt schreiten und deren
Offenbarungen für uns die Sterne sind, gewoben ist. Sie
findet die Worte, die sie ihrer Freundin schreibt: „Ich
zweifle daran, ob irgend ein Lehrer jemals eine Aufgabe
vor sich hatte, die sein Interesse so ausschließlich in An-
spruch nahm. Es muß mir bei meiner Geburt ein glücklicher
Stern geleuchtet haben, und ich beginne jetzt seinen wohl-
tätigen Einfluß zu empfinden."

GEDENKWORT FÜR CAROLINE V. HEYDEBRAND

Soweit ist Caroline von Heydebrand mit der Durch-
gestaltung ihres pädagogischen Werkes gekommen. Was sie
uns hiermit hinterlassen hat, gibt uns ein Bild ihres Ver-
stehens, ihres von reiner Hingabe und schöpferischer Liebe
durchleuchteten Mitlebens mit der Kindesseele, das so ganz
der Grundzug und Lebensodem ihres Wirkens als Mensch
und Lehrer war.

Caroline von Heydebrand wurde am 22. Dezember 1886
in Schlesien geboren — in dem Lande, das dem mittel-
europäischen Leben gar manchen berühmten, gar manchen
im stillen fruchtbar wirkenden Pädagogen geschenkt hat.
Vielleich vermag dieses Grenzland, in dem sich in den
kulturtragenden deutschen Schichten der Bevölkerung mittel-
europäisches Geistesleben mit östlicher, schon slawisch
tingierter Seelenhaftigkeit durchdringen kann, besondere
Fähigkeiten zu verleihen, den heranwachsenden Menschen
ins Leben zu geleiten?

Von zarter Kindheit an war Caroline von Heydebrand
besonders mit der Natur verbunden. Die liebevolle Seele
dieses Kindes, dem wahrhaft keine guten Pädagogen den
Weg ins Leben finden halfen, verwob sich innig mit der
Schönheit der Naturumgebung ihrer Heimat. So bahnte

sie sich den Weg zu den schaffenden Gotteskräften, zu dem Urquell, aus dem ihr ganzes späteres Leben und Wirken mit kraftvoller Liebe zum Geiste durchflammt wurde. Diese Naturverbundenheit entfaltete sich zu herzenswarmer Hingabe aller Werde-Welt gegenüber, die — zusammen mit ihrer klaren Geistsuche — Caroline von Heydebrand gerade infolge ihrer herben Erlebnisse als Objekt pädagogischer Versuche sogenannter Lehrer zu einem weihevollen, begeisterten Diener am Kinde gemacht hat. In der von Rudolf Steiner begründeten Erziehungskunst fand sie Weg und Ziel ihres Strebens, das sie von früher Studienzeit an lebendig und aktiv erfüllte. So wurde sie ein markanter Repräsentant dieser Pädagogik, welche die im Herbst 1919 begründete, im April 1938 zwangsweise geschlossene Waldorfschule in Stuttgart zu verwirklichen strebte.* Einige Situationsbilder, wie man sie als Freund und Kamerad erlauschen konnte, mögen versuchen, dem Leser die Eigenart dieser Lehrerpersönlichkeit näher zu bringen:

Caroline von Heydebrand im deutschen Walde. Eine längere Wanderung, die sie besonders erwünscht, besonders ersehnt hatte. Bis in die Handbewegungen, das Kräftespiel im Aufsetzen des schreitenden Fußes, bis in die gesamte Körperhaltung war sie ein Ausdruck verehrender Andacht für die Natur, durch die sie schritt, in all ihren Vorgängen und Erscheinungen. In den letzten Jahren erlaubte ihre Gesundheit oft nicht mehr kräftig-rasches Zurücklegen weiter Wege. Diese körperliche Schwäche gebrauchte sie zum Verweilen an einzelnen Blumen, Steinen, deren Betrachtung sie sich hingab. Die Schönheit zartester, kleinster

---

* Im Oktober 1945 konnte die Schule wieder eröffnet werden.

183

Lebenswelt leuchtete, noch mehr verschönt, in ihrer Seele auf. Sie war verwoben mit den Bildekräften der Wachstumswelt.

Caroline von Heydebrand in ihrer Klasse von mitunter fast einem halben Hundert kleiner, lebendiger Rangen. Für einen Fremden, der auf Äußerlichkeiten einer strengen Disziplin eingestellt war, könnte die kleine, etwas unbeholfen erscheinende Gestalt gelegentlich sogar einen etwas hilflosen Eindruck gemacht haben unter diesen quicklebendigen Kindern. Bei tieferem Eingehen sah man jedoch jenes Waldesbild durchleuchten durch eine solche Klassenstunde: Dieselbe Haltung, die sie dem keimenden Waldesleben gegenüber hatte, dieselbe Behutsamkeit, mit der sie ihren Fuß auf schwellendes Waldmoos setzte, dieselbe Liebe, mit der sie einen geneigten Blütenast emporhob, um sich in seine Eigenwelt zu vertiefen, webte von ihr zu diesen Kindern. Was sie tat, entsprang — so zart es sich ausnahm — kraftvoll gestaltendem Willen und klarer Erkenntnis. Wie sie es tat, machte es sie zum liebevollen Hüter der Kinderkräfte, die sich da ins Leben hineinbegaben. So vermochte sie es, diese Kräfte zu schönster, gesunder Entfaltung zu bringen. Schüler, die sie durch die acht Jahre der Unterstufe geführt hatte, zeigten auf der Oberstufe nach überwundenen Flegeljahren in ihrem Wesen die glücklichsten Früchte von Caroline von Heydebrands Erziehungskunst. Ins Leben getreten, im Berufe stehend, bewahren diese jungen Menschen klare und tiefste Dankbarkeit diesem Hüter und Gestalter ihrer Kindheitskräfte.

Caroline von Heydebrand, wie man ihr in intimerem Privatleben begegnen konnte. Bei ihrem melancholischen

184

Grundtemperament war ihr der Schmerz über Unzuläng-
lichkeiten im menschlichen Leben und Streben — ohne daß
sich etwas Richtend-Hartes beigemengt hätte — doch zu
einem bleibenden Wesenszug geworden. Es war nicht Schmerz
der Verbitterung, sondern Schmerz der Sehnsucht nach dem
Ziel. Sie gehörte zu den „sehnsuchtsvollen Hungerleidern
nach dem Unerreichlichen" . . . Das schützte sie vor Genüg-
samkeit. Ihr Geist war kraftvoll verbunden mit den Leuchten deutschen Geisteslebens. Da war Heimat und Grund-
quell ihres Wesens. Sie vortragend über Fichte sprechen zu
hören, war Kraft spendend. Die Kleinheit der Gestalt ver-
schwand dem Bewußtsein der Zuhörer, machtvoll klang die
sonst zarte Stimme, ein Geistesritter trat da ein für seine
Ideale. Und aus dieser Urkraft floß das Schöpferische ihres
pädagogischen Tuns: den Geistesfunken im heranwachsenden
Menschen hüten, pflegen, leiten zu können, war sie in
unaussetzlichem Streben und ringendem Suchen mit dem
deutschen Geistesleben verbunden. In Rudolf Steiner hatte
sie ihren Führer und Lehrer auf diesem Wege schon als
ganz junger Mensch gefunden, ihm verdankte sie das
Geistesbild d e s M e n s c h e n, dessen Pflege sie rast- und
restlos ihr Leben widmete.

Ihre Liebe zum deutschen Geiste ließ sie — so gerne
und fruchtbar sie auch im Ausland wirkte, so großzügig
sie die Geistesgrößen anderer Völker gesucht und studiert
hat — mit den letzten Kräften ihrer versagenden Gesundheit nach Deutschland zurückkehren. Dort ist sie am
22. August 1938 in Gerswalde in der Uckermark in treuem
Freundeskreise gestorben. —

Diese pädagogische Schrift hat sie hinterlassen als erste

185

Skizze, die sie nach ihren eigenen Worten „wieder vergessen wollte, um sie später in erneuter Form wieder erstehen zu lassen". Ein pädagogisches Werk dieses Zieles könnte sicherlich viel systematischer angelegt und durchgeführt werden. Daß es das nicht ist, liegt nicht allein am frühen Hingang seines Schöpfers. Das lag im Charakter und Wesen von Caroline von Heydebrand: Sie war ein Priester des W e r d e n d e n . Für sie begann das Menschenwesen nicht mit der Geburt, nicht mit der Konzeption. Für sie war das Vorgeburtliche, die geistige Existenz der menschlichen Entelechie schon vor der Empfängnis eine Realität. Dies war die Quelle ihrer Ehrfurcht, ihrer Andacht dem Kinde gegenüber, der tiefere Grund des großen und segensvollen Erfolges, den sie als Pädagoge hatte. Studierte sie Kindesbiographien, lebte und wirkte sie als Lehrer, so lauschte sie dabei hin auf die Klänge aus jener vorgeburtlichen Welt, um sie im Irdischen klar zu erfassen.

Daß ein Mensch dieser Eigenart weniger zum systematischen Darlegen des menschlichen Werdens im Kindesalter neigt, sondern bis in Sprache und Anordnung der einzelnen Teile dem Gestaltenden dieser Lebenskräfte Ausdruck gibt, dafür ist die Komposition dieser Schrift ein lebendiges Zeichen. Mein Streben als Herausgeber war, diese Eigenart möglichst unzerstört dem Leser zum Erlebnis zu bringen.

So möge dies, dem Umfang nach kleine, an Anregung so reiche Werk den vielen, die es schon lange erwarten, übergeben werden und den hoffentlich noch zahlreicheren Lesern, denen dies eine erste Begegnung mit Caroline von Heydebrands vergangenem Erdenwirken und der ganzen Sphäre ihres Schaffens bedeutet. Dieses Buch ist nicht nur ein Denkmal der pädagogischen Kunst, die Rudolf Steiners Menschenerkenntnis im Lehrer ausbilden kann, gerade für das dem Erwachsenen schwerer greifbare Kindesalter. Es ist auch ein Bild und Denkmal für Caroline von Heydebrands Leben und Wirken.

Maria Röschl

INHALT

Von Caroline von Heydebrand sind im
Mellinger Verlag außerdem erschienen:

Vom Spielen des Kindes. Das Kind beim Malen
32 Seiten, kartoniert.

Der Sonne Licht
Lesebuch der Freien Waldorfschule, mit zwei Wachskreide-
zeichnungen von Kindern der Schule.
104 Seiten Leinen.

Und Gott sprach
Biblisches Lesebuch der Freien Waldorfschule (Altes
Testament), mit 31 Illustrationen nach mittelalterlichen
Holzschnitten.
244 Seiten, Leinen.

Vier methodische Arbeitsbücher von Anke-Usche Clausen
und Martin Riedel:

Zeichnen – Sehen lernen
Methodisches Arbeitsbuch, Band I
256 Seiten, zahlreiche Abbildungen, Großformat, Pappband.

Plastisches Gestalten mit verschiedenen Materialien
Methodisches Arbeitsbuch, Band II
368 Seiten, sehr zahlreiche Abbildungen, Großformat,
Pappband.

**Plastisches Gestalten in Holz mit der dazugehörigen
Baumkunde**
Methodisches Arbeitsbuch, Band III
400 Seiten, sehr zahlreiche Abbildungen, Großformat, kartoniert.

Schöpferisches Gestalten mit Farben. Mit Materialkunde
Methodisches Arbeitsbuch, Band IV
260 Seiten, über 500 farbige Abbildungen, Großformat,
Pappband.

J. CH. MELLINGER VERLAG STUTTGART

Weitere Schriften aus dem Bereich der Waldorfpädagogik im
Mellinger Verlag:

v. Baravalle, Hermann
Die Geometrie des Pentagramms und der goldene Schnitt
30 Seiten, 28 geometrische Figuren, kartoniert.

Bindel, Ernst
Das Rechnen. Menschenkundliche Begründung
84 Seiten kartoniert.

Die Arithmetik. Menschenkundliche Begründung
und pädagogische Bedeutung
124 Seiten, zahlreiche erläuternde Figuren, kartoniert.

Hahn, Herbert
Von den Quellkräften der Seele
156 Seiten, 1 Abbildung, Leinen.

Lievegoed, B. C. J.
Entwicklungsphasen des Kindes
168 Seiten, 8 Bilder, verschiedene Abbildungen im Text, kartoniert.

Nietzold, Jochem
Freudiges Bewegen
Turnspiele für jung und alt.
236 Seiten, Pappband.

Slezak-Schindler, Christa
Sprüche und Lautspiele für Kinder
128 Seiten, kartoniert

Wehr, Gerhard
Der pädagogische Impuls Rudolf Steiners
Theorie und Praxis der Waldorfpädagogik
100 Seiten, kartoniert.

Udo de Haes, Dan
Urbilder der Kleinkindseele
52 Seiten, kartoniert.

J. CH. MELLINGER VERLAG STUTTGART